Dublin

Susanne Tschirner

▶ ■ ■ ■ ■ ■
Diese Symbole im Buch verweisen auf den großen Cityplan!

Welcome

15 x Dublin direkt erleben

Zu Gast in Dublin

Welcome
Mein heimliches Wahrzeichen

Über die Halfpenny Bridge geht jeder mal. Sie liegt mittendrin und ist *die* Verbindung zwischen Temple Bar und den Amüsier-vierteln nördlich der Kais. Und so stand auch ich bei meinem ersten Dublin-Besuch an irgendeinem Abend auf der gusseisernen Schönheit, lauschte dem Strömen der Liffey und zog ein bisschen die Nase kraus, wegen ihres Aromas. Anno 1989 war Dublin nicht annähernd so schick wie heute. ›Dirty old Dublin‹ hieß es oft, und die Dubliner fanden das weniger charmant als die deutschen Besucher. Pittoreske Anblicke waren erstens rar und zweitens besonders pittoresk nach dem einen oder anderen Guinness und im abendlichen Kunstlicht. Und daran merke ich immer, dass sich im Grunde so viel nicht geändert hat.

Erste Orientierung

Dublin City ▶ Karte 2

Die Innenstadt lässt sich bequem zu Fuß erkunden, denn ihre Dimensionen sind geradezu kleinstädtisch. Einmal von Nord nach Süd – also von der Spitze der O'Connell Street über den Stadtfluss Liffey und die Grafton Street entlang zum St. Stephen's Green – geht man etwa eine halbe Stunde. Annähernd eiförmig umschließen der Royal Canal im Norden und der Grand Canal im Süden die Innenstadt. Die Liffey schneidet dieses Ei einmal der Länge nach durch.

Für längere Strecken kommt man im Allgemeinen gut mit der modernen Straßenbahn Luas (s. S. 23) zurecht. Die Red Line bringt einen parallel zur Liffey von den Docklands im Osten bis vor die Tore des Phoenix Park im Westen, während die Green Line, leider bislang ohne Verbindung zur Red Line, von St. Stephen's Green in die südlichen Vororte fährt.

In der **nördlichen Innenstadt** liegen die meisten Sehenswürdigkeiten an oder um die O'Connell Street (s. S. 31). In der **südlichen Innenstadt** befinden sich die wichtigsten Museen im Umfeld der Universität Trinity (s. S. 28) und der georgianischen Plätze St. Stephen's Green (s. S. 48) und Merrion Square (s. S. 51). In dieser Gegend konzentrieren sich die von prachtvollen georgianischen Stadthäusern gesäumten Straßen.

Um die Grafton Street schenken nicht nur einige der berühmtesten Pubs aus (s. S. 38). Hier und in dem In-Viertel bis zur South Great George's Street haben sich auch die meisten Geschäfte angesiedelt (s. S. 44).

Von Trinity College führt die Dame Street nach Temple Bar sowie zur Keimzelle der Stadt in der Region zwischen Dublin Castle und den Kathedralen Christ Church und St. Patrick's, den ältesten historischen Gebäuden (s. S. 60 und 74).

Temple Bar ▶ Karte 3

Die Gassen am südlichen Liffey-Ufer waren einmal alternativ, heute sind sie eine von Dublins Hauptsehenswürdigkeiten mit zahlreichen Möglichkeiten zum Essen und Trinken. Tagsüber herrscht die Kultur vor, nachts die feuchtfröhliche Kneipenszene (s. S. 54).

Smithfield und Phoenix Park

In Richtung Westen entlang der Liffey gelangt man zunächst in ein städtebaulich erneuertes Areal, das ehemalige Kleine-Leute-Viertel **Smithfield** (▶ E–F 4, s. S. 64). Vorbei am National Museum erreicht man im Nordwesten die riesige grüne Oase des **Phoenix Park** (▶ A–D 2–5, s. S. 67).

Nördliche Wohnviertel ▶ E–G 2–3

Jenseits des Royal Canal liegen die Mittelklasse-Wohnviertel **Glasnevin,** noch großteils von viktorianischen Reihenhäusern geprägt, **Drumcondra** und **Phibsborough.** Die National Botanic Gardens (s. S. 81) und der angrenzende Prospect bzw. Glasnevin Cemetery (s. S. 80) sind touristische Highlights. Hier findet man noch jede Menge ›dirty old Dublin‹: Allerweltsgeschäfte und -pubs, Industriebrachen, heruntergekommene Betonsilos, dazwischen die eine oder andere viktorianische und georgianische Häuserzeile.

Docklands ▶ G–J 4–5

Östlich vom Custom House schließen sich die Dublin Docklands an, ein

520 ha großes Areal nördlich und südlich der Liffey (s. S. 70). Wo früher ein heruntergekommenes Hafengebiet lag, steht nun eins der größten städtischen Sanierungsprojekte Europas: glitzernde Büro- und Apartmentkomplexe aus Glas und Edelstahl, kulturelle Renommierobjekte wie The O2 und das Grand Canal Theatre.

Südliche Wohnviertel ▶ F–J 5–7

Jenseits des Grand Canal erstrecken sich die feineren georgianischen und viktorianischen Wohnviertel, ›Dublin 4‹ genannt: das elegante **Ballsbridge** mit einer hohen Konzentration durchweg angenehmer B & Bs und Hotels, **Donnybrook** und das vorwiegend studentisch geprägte **Rathmines. Ranelagh** wird eine immer begehrtere Adresse mit entsprechender gastronomischer Infrastruktur.

Westend ▶ D–E 5

Etwa 20 Minuten zu Fuß braucht man von Temple Bar zum weitläufigen Brauereikomplex der Guinness Brewery, einer wahren Stadt in der Stadt (s. S. 62). Noch etwas weiter westlich liegt **Kilmainham** mit dem Nationalmuseum für moderne Kunst und dem ›Nationalgefängnis‹ Kilmainham Gaol.

Howth ▶ Karte 4

Felsklippen umgeben die Halbinsel Howth (s. S. 84), ein Naturparadies erster Güte in unmittelbarer Stadtnähe. Der pittoreske Hafen ist ein beliebtes Ausflugsziel der Dubliner. Hier beginnt die durchschnittlich etwa 5 m tiefe, seichte Dublin Bay. Weiter nach Osten beginnt die Irische See, die Irland und die britischen Inseln voneinander trennt.

Die südlichen Seebadevororte ▶ Karte 4

Kleine Buchten und Sandstrände sprenkeln die flache Felsenküste der Seebadevororte von **Blackrock, Monkstown, Dún Laoghaire, Dalkey, Killiney** und **Bray.** Die DART-Schnellbahn verbindet bequem all diese Küstenorte und fährt auch nach Howth sowie nach Norden, nach **Malahide.**

»Fáilte!« ist Gälisch und heißt »Willkommen« – willkommen also in Dublin!

Schlaglichter und Impressionen

Stadt der Kontraste

Eine »triste, aber glitzernde Atmosphäre« hat James Joyce, der berühmteste kulturelle Botschafter Dublins, seiner Geburtsstadt bescheinigt. Auch wenn seit den Zeiten des ›dirty old Dublin‹ um die Wende vom 19. zum 20. Jh. viel Guinness durch Zapfhähne und Kehlen geflossen ist, so trifft Joyces Charakterisierung doch ein Wesensmerkmal dieser Stadt. Dublin, das ist dieses ganz eigentümliche Changieren zwischen Elend und Protz, Bigotterie und Genie.

Der Wirtschaftsboom der 1990er-Jahre, angefacht durch Milliarden an EU-Fördergeldern, hat das verschlafene Nest an der europäischen Peripherie dramatisch verändert. Joyce würde Dublin wohl kaum wiedererkennen. Auch wenn spätestens seit der Finanzkrise 2008 der Keltische Tiger zum Keltischen Kätzchen geschrumpft ist – die Entwicklung zur modernen Metropole lässt sich nicht mehr umkehren.

Unangefochten

Dublin war und ist das Zentrum der Insel. Keine andere irische Stadt machte ihr je diesen Rang streitig. Straßen- und Eisenbahnnetz sowie Schiffsverkehr sind Dublin-zentriert. Hier sitzt die Regierung der Republik Eire mit allen Be-

In Dublin versammeln sich die Superlative der Republik – hier der prächtig ausgestattete Lesesaal der National Library

hörden und Staatsunternehmen, hier wird das höchste Bruttoinlandsprodukt erwirtschaftet, hier wachen ein anglikanischer und ein katholischer Erzbischof über ihre Schäfchen. Trinity College mit ca. 15 000 Studenten zählt zu den 50 besten Universitäten der Welt. Die wichtigsten Museen und Galerien der Nation, die berühmtesten Theater, die prestigeträchtigsten Kulturarenen – sie alle sind in Dublin angesiedelt. Dublin war 1991 Kulturhauptstadt Europas und 2012 European City of Science. Dennoch wirken die Dimensionen eher kleinstädtisch, was den Fußgängern entgegenkommt.

The Winner takes it all

Der wirtschaftliche Höhenflug der 1990er-Jahre und die 2009 einsetzende Rezession haben sich, wie nicht anders zu erwarten, auch auf sozialer Ebene ausgewirkt. In keiner anderen irischen Stadt klafft die Schere zwischen Arm und Reich so weit auseinander. Auf den Straßen sitzen die Verlierer des Wirtschaftsbooms und bitten die Gewinner, all die gut gekleideten Banker und Angestellten, um Almosen. Bei Penney's kaufen die Bewohner der Vorstädte Pullis für 5 Euro, in den Boutiquen der Southside geben Shopper 500 Euro für ein T-Shirt aus. Dabei bekommt man als Tourist im Stadtzentrum ohnehin schon die wohlhabendere Seite Dublins zu Gesicht.

Money, money, money

Irland war noch nie ein Billigreiseland, und die Boomtown Dublin schlägt noch ein paar Euro drauf. Jahrelang hielt sie sich in den Top-Ten-Listen der teuersten Hauptstädte der Welt. Dann kam die Wirtschaftskrise und ließ die Preise purzeln. Für den Besucher hat das zur Zeit durchaus angenehme Folgen. Die Dubliner selbst müssen sich jedoch wei-

terhin mit horrenden Mieten und hohen Lebenshaltungskosten arrangieren. Die renommierte Wirtschaftszeitung The Economist setzte Dublin jüngst auf einen wenig rühmlichen dritten Platz auf der Liste der sich wirtschaftlich am schlechtesten entwickelnden Städte der Welt.

Schöne neue Designwelt

Der Bauboom erhielt durch die Wirtschaftskrise einen Dämpfer, so viel steht fest. Eins der Megabauvorhaben, der von Foster & Partners entworfene Wolkenkratzer U2 Tower am Grand Canal Dock, musste wegen Finanzierungsproblemen auf ewiges Eis gelegt werden. Dennoch sieht man überall nicht nur halbfertig stehen gelassene Betonskelette, sondern auch Baukräne bei der Arbeit. So entstanden Spire und Liffey Board Walk, mit Architekturpreisen bedachte Brücken und Theater, Sanierungsprojekte wie Smithfield, O'Connell Street und vor allem das derzeitige Vorzeigeviertel Docklands. Die Neubauten gehorchen einer Trendästhetik, die bei aller Gefälligkeit uniform wirkt: Glas und Edelstahl, zusammengehalten von Beton, sind die angesagten Materialien. Spätestens im dritten ›In-Restaurant‹ kommen einem die Lederbänke mit dem hohen Rücken, der sparsam dekorierte Minimalismus und die Thunfisch-Sushi auf Pesto-Rauke bekannt vor.

Mann und Frau

Eines der Projekte, das trotz Wirtschaftskrise durchgezogen wurde, ist die 2014 eröffnete Rosie Hackett Bridge, die nun nur 90 m östlich von der O'Connell Bridge eine weitere Verbindung zwischen Nord- und Süd-Dublin schafft. Über die schlichte, niedrig gebaute Verbindung dürfen nur der öffentliche Nahverkehr, Fußgänger und Radfahrer pendeln. Benannt wurde sie nach einer fast vergessenen Aktivistin der irischen Unabhängigkeits- und Gewerkschaftsbewegung (1892–1976). Nach einer von der Gewerkschaftsjugend und mehreren Frauenorganisationen geführten Kampagne setzte sich Rosie Hackett gegen große Namen wie Bram Stoker und William Butler Yeats durch. Aber nach Männern wurden ja schon die 20 anderen Brücken Dublins benannt. Obwohl man daraus nicht schließen sollte, dass auf der Insel absolute Gleichberechtigung herrscht, hatte Irland immerhin zwei Präsidentinnen, und der Gender Gap, das Einkommensgefälle zwischen männlichen und weiblichen Arbeitnehmern, ist in Irland deutlich geringer als etwa in Deutschland.

Die Crux mit dem Verkehr

Das Goldene Zeitalter um die Jahrtausendwende hat Dublin ein – noch nicht vollständig umgesetztes – Verkehrskonzept beschert: Die Schnell-Straßenbahn Luas, Spitzname Daniel Day Luas, und der Hafentunnel sollen Verkehrsinfarkt und Dauerstaus verhindern oder zumindest vermindern. So weit die Theorie. In Wirklichkeit war und ist Dublin neben der griechischen Hauptstadt Athen die verstopfteste Stadt Europas. Meter um Meter quälen sich die Autofahrer im Stadtverkehr vorwärts. Die Zehntausenden Pendler, die Tag für Tag aus dem Ballungsraum in ihre Büros in der Stadt fahren, brauchen für 60 km drei Stunden. Der Autobahnring um Dublin, die M5, heißt deshalb bei den Dublinern nur ›der Parkplatz‹. Trotz aller Staus – das Auto muss es sein.

Nun gibt es mit Dublin Bike (s. S. 25) ein Fahrradverleihkonzept, wie viele Hauptstädte in den letzten Jahren eingeführt haben. Aber Fahrradwege in der Innenstadt sind Mangelware. Notorische Radfahrer treten nicht ohne Warnweste und Helm in die Pedale,

denn die Dubliner Autofahrer sind berüchtigt für ihren wenig rücksichtsvollen Umgang mit den zweirädrigen Verkehrskollegen. Sie sehen in ihnen ›ein Problem‹, die Autofahrer in den Radfahrern wohlgemerkt. Dublin ist, man muss es so deutlich sagen, eine Autostadt. Eine U-Bahn ist übrigens seit Längerem zaghaft angedacht. Aber wie ein irisches Sprichwort sagt: ›Als Gott die Zeit schuf, hat er genug davon gemacht‹.

Das verlängerte Wohnzimmer

So nennen die Dubliner ihre ›öffentlichen Häuser‹, was anrüchig klingt, es aber nicht ist. *Public houses* oder kurz *pubs* wurden sie im 19. Jh. genannt, weil in ihnen öffentlich Alkohol ausgeschenkt werden durfte. Es ging und geht darum, den Herrgott einen guten Mann sein zu lassen, auf Dubliner Art. Man geht in den Pub, um Zeitung zu lesen, Sportmatches im *telly* zu sehen, ein Schwätzchen zu halten, einen Geschäftsabschluss zu begießen oder einfach etwas zu schlucken.

Sechsmal höher als im übrigen Land ist die Kneipengängerdichte in Dublin: Glaubt man der Statistik, kommen 1119 Trinker auf einen Pub. Dubs trinken halt nicht allein zu Hause, das ist Teil des egalitären, kommunikationsorientierten Lebensgefühls. Als ›Irish Pub‹ wurde das Erfolgskonzept in alle Welt exportiert. Laut Statistik nimmt übrigens jeder irische Erwachsene pro Jahr 550 Pints zu sich. Das ist im europäischen Vergleich ein Platz im oberen Fünftel und mag Ernährungsexperten zu viel erscheinen. Dafür sind die Pubs seit 2004 rauchfrei und das hat die Volksgesundheit merklich verbessert: 15 % weniger Herzinfarkte verzeichnet die Statistik seither. Die Verkäufer von Aluminiumtischen, Segeltuchabsperrungen und Wärmestrahlern für die

In den Pubs von Dublin kann es schon mal eng werden – den Iren schmeckt ihr Guinness aber auch vor der Tür

Raucherecken vor den Pubs müssen sich goldene Nasen verdient haben. Draußen stehen oder sitzen, um zu rauchen, hat seitdem den trendigen Geruch des richtig Verbotenen.

Stadt der Dichter

In Dublin liegt Guinness in der Luft und das beflügelte, daran besteht kein Zweifel, auch die Kulturschaffenden. Kaum ein Tresen, an dem Brendan Behan (»Ich bin ein Trinker mit einem Schreibproblem«) und Flann O'Brien nicht getrunken hätten. Saufen und Schreiben war bei der Bier-Bohème der 1950er- und 1960er-Jahre eins. In ihren Geburts- und Wohnhäusern oder im Writers Museum (s. S. 36) kann man Oscar Wilde (»Arbeit ist der Fluch der trinkenden Klassen«) und George Bernard Shaw ebenso nachspüren wie auf den Themenführungen durch die Literaturpubs, den ›Literary Pub Crawls‹ (s. S. 24). Und dann natürlich Joyce, immer wieder Joyce.

Auch heute ist Dublin ein Zentrum zeitgenössischer Autoren, denen es in Literaturfesten huldigt (s. S. 17). Maeve Binchy, Irlands Antwort auf Rosamunde Pilcher, war geborene und bekennende Dublinerin. Bestsellerautorin Cecilia Ahern ist die Tochter des langjährigen irischen Ministerpräsidenten Bertie. Sie schreibt, nun, Bestseller. Der international renommierte irische Autor John Banville lebt in Howth und schreibt für den Literaturteil der »Irish Times«. Star-Autor Roddy Doyle setzte mit seiner erfolgreich verfilmten Barrytown-Trilogie und vielen weiteren Romanen dem

Dubliner Lebensgefühl zwischen Chaosmanagement und Genie ein Denkmal.

Speerspitze des Fortschritts

Dublin ist der irische Sammelpunkt für avantgardistische Künstler und Theatermacher, fortschrittliche politische Gruppierungen und Bürgerinitiativen. Bei allen Referenden der letzten Jahrzehnte stimmten die Hauptstädter im Gegensatz zur überwiegend konservativen ländlichen Bevölkerung überproportional fortschrittlich: für die Scheidung, für eine Lockerung des Abtreibungsverbots, für eine Abschaffung der Strafverfolgung von Homosexuellen.

Initiativen wie »Generation Yes« setzten sich für einen Beitritt zum Vertrag von Lissabon ein. Demonstrationen für die Opfer kirchlichen Missbrauchs oder gegen Sozialkürzungen bei gleichzeitigen Garantien für die Banken, sie alle ziehen durch Dublins Straßen Nir-

Daten und Fakten

Funktion und Lage: Hauptstadt der Republik Eire (Irland). Die Fläche der Region Dublin beträgt 922 km^2.

Name: Dublin kommt von gäl. *dubh linn*, ›schwarzer Teich‹. Ihr gälischer Name lautet Baile Átha Cliath, d. h. ›Stadt an der Furt der Schilfhürde‹.

Bevölkerung: In der Stadt 527 000, im Großraum Dublin Region 1,1 Mio. Menschen. Fast ein Drittel aller Iren lebt somit auf 1,3 % der Staatsfläche, Tendenz steigend. Die Bevölkerungsdichte liegt bei über 4000 Einw. pro km^2, das Durchschnittsalter bei 35 Jahren.

Verwaltung: Seit 2010 wird der Oberbürgermeister, der Lord Mayor of Dublin, direkt von der Bevölkerung gewählt. Derzeit steht Christy Burke der Kommunalregierung vor – dem Dublin City Council (www.dublincity.ie). Stärkste Fraktion ist Sinn Féin, gefolgt von Fianna Fáil.

Religion: ca. 87 % römisch-katholisch, 3 % Anglikaner (Church of England, sonstige protestantische Glaubensrichtungen), 0,8 % Muslime.

Sprache: Erste Amtssprache ist Gälisch, zweite Amtssprache und Umgangssprache Englisch. Die Dubliner lernen Gälisch wie eine Fremdsprache in der Schule.

Zeit: Irische Uhren sind im Vergleich zum Kontinent 1 Stunde zurück. 11 Uhr in Köln entspricht also 10 Uhr in Dublin, auch während der Sommerzeit.

Wirtschaft: Der Großraum Dublin gehört zu den überdurchschnittlich prosperierenden Zentren Irlands. Hauptsparten sind die technologieintensive Konsumgüterindustrie (z. B. Guinness), Zukunftsindustrien wie Computerbau, IT-Branche (Google, Facebook, Ebay haben hier große Niederlassungen) sowie Dienstleistung. Datenverarbeitung und Finanzservice im Dubliner Finanzzentrum boomen.

Finanzkrise: Bei einer Arbeitslosigkeit von 11,8 %, einer der höchsten Staatsverschuldungen in der EU, einem rigorosen Sparprogramm und noch geringem Wirtschaftswachstum von 0,5 % sitzt bei den Dublinern das Geld nicht mehr so locker wie zuvor.

Tourismus: Der Tourismus spielt eine zentrale Rolle in der Stadtökonomie. Etwa 350 000 Besucher kommen jährlich aus Deutschland, und da die Hotel- und Restaurantpreise purzeln, lässt sich so manches Schnäppchen machen.

gendwo im Land ist die Kirchgangfrequenz so niedrig wie hier. Möglicherweise hängt das auch damit zusammen, dass Dublins Stadtbevölkerung überdurchschnittlich jung – und überdurchschnittlich gut ausgebildet – ist.

Arme Northside, reiche Southside

Für Physiognomie und Psychologie der Stadt ist eine Konstante besonders bedeutsam: der Kontrast zwischen dem armen Dublin nördlich der Liffey und dem reichen Dublin südlich der Liffey. In manchen nördlichen Arbeitervororten hat annähernd jeder Zweite keinen Job, es gibt Drogen- und Alkoholprobleme sowie hohe Kriminalität, um die Gesundheit ist es insgesamt eher schlecht bestellt. Vielerorts beherrschen graue Mietblocks des sozialen Wohnungsbaus, heruntergekommene Backsteinhäuser und Abrissbrachen das Stadtbild.

In der größtenteils vermögenden Southside dagegen sind die georgianischen Stadthäuser der einstigen Elite in der Regel ansprechend saniert. Hier wohnt auch die Elite von heute, Anwälte, IT-Manager und Finanzberater der boomenden Dienstleistungsökonomie.

»She's so D4« heißt so viel wie: Die Frau kommt aus reichem Haus und lässt das auch raushängen. Aber warum D4? Das ist die Abkürzung des Bezirks Dublin 4, der vornehmen Adressen Ballsbridge und Donnybrook. Dazu passt der etwas nasale, etwas hochnäsige Upper-Class-Sprechduktus der Southside. Er wird ›Dort‹-Akzent genannt, weil er sich entlang der DART-Linie in den südlichen Vororten ausgebreitet hat. Eigentlich wird DART mit einem offenen »a« wie in »da« gesprochen, aber das »o« imitiert die leicht näselnde Sprechweise der britischen Upper Class.

Mit Humor und Häme

»Warum heiratet eine Frau von der Southside ausgerechnet einen Mann von der Northside? – Um ihre Handtasche wiederzubekommen.« Dieser uralte Witz wirft nicht nur ein Schlaglicht auf die soziale Teilung der Stadt, sondern auch auf den Mutterwitz ihrer Bewohner.

Mit Sinn für den zynischen Gleichklang haben die Dubliner ihre Stadtmarken benannt: Mit ›plank by the bank‹ (›Brett am Ufer‹) meinen sie den Liffey Board Walk, ›tart with the cart‹ (›Flittchen mit dem Karren‹) heißt die Molly-Malone-Statue, und ›box in the docks‹ (›Kiste im Hafen‹) steht für das zurzeit geschlossene Waterways Visitor Centre.

Zu Fremden aber sind die Dubs, meistens, freundlich. Small Talk ist angesagt bei der B & B-Wirtin, an der gemeinschaftlichen Frühstückstafel, an der Bar im Pub, mit dem Taxifahrer oder dem Museumswächter. Sie kennen fast immer nur ein Thema: das Wetter. Grundregel: In Dublin ist das Wetter nie schlecht, und wenn es einmal schlecht ist, redet man darüber, dass es morgen besser wird.

Das Stadtwappen

Die drei zweitürmigen Tortürme symbolisieren die Wehrhaftigkeit und den Stadtcharakter Dublins. Die Feuer auf den Zinnen sind übrigens Wachtfeuer, hier brennt nichts unangemeldet.

Wikingerzeit

Schon seit dem 5. Jt. v. Chr. lebten Menschen am *dubh linn*, dem ›schwarzen Teich‹ nahe Dublin Castle. Doch erst 917, als Wikinger aus Skandinavien hier endgültig eine Handels- und Militärniederlassung gründeten und sie Dyfflin nannten, kann man von einer protostädtischen Siedlung sprechen. Ständiger Krieg herrschte zwischen den Wikingern und den irischen Königen. So besiegte der Hochkönig Brian Boru die Wikinger 1014 schließlich in der Schlacht von Clontarf, in der er allerdings selbst fiel. Spätestens mit dem Bekenntnis des Wikingerkönigs Sigtryggr zum Christentum um 1025 wurden die raubenden Nordmänner zu mehr oder weniger zahmen Handwerkern und Kaufleuten.

Die Engländer kommen

Nachdem Normannen aus England unter Führung von Richard FitzGilbert de Clare alias Strongbow 1170 Irland erobert hatten, wurde der Einfluss der englischen Krone trotz Widerstands der zahlreichen irischen Könige immer größer. Die Gründung von Trinity College 1592 und die Eroberung durch Oliver Cromwell im Jahr 1649 waren Meilensteine dieses Prozesses.

Im 17. Jh., dem Zeitalter der Glaubenskämpfe, wurde Irland zum Kriegsschauplatz. Als der katholische englische König James II., unterstützt von den Iren, in der Schlacht am Boyne 1690 Krone und Land an seinen protestantischen Schwiegersohn William of Orange verlor, geriet Irland endgültig auf die Verliererseite und wurde zu einer Art Kolonie Englands.

Protestant Ascendancy

Antikatholische Strafgesetze, die Penal Laws, schlossen nach 1690 Katholiken von Macht, Ämtern und Landbesitz aus. Unter der Vorherrschaft der protestantischen Klasse von Landbesitzern avancierte Dublin zur zweitgrößten Stadt des britischen Empires. In kultureller und wirtschaftlicher Hinsicht brach ein Goldenes Zeitalter an. 1757 wurde die Wide Street Commission gegründet, die Dublin mit georgianischen Wohn- und Repräsentationsbauten überzog. Als das irische Parlament sich 1801 im Act of Union selbst abschaffte, beendete die nun folgende Abwanderung der oberen Kasten und des Kapitals Dublins Blüte jäh.

Katholikenemanzipation und Gälische Renaissance

Daniel O'Connell, der Gründer der Catholic Association, erreichte mit friedlichem Protest wie den Monster Meetings schließlich 1829 die Abschaffung der Penal Laws. 1841 wurde er Bürgermeister von Dublin. Die Große Hungersnot von 1846/47, die Millionen Iren das Leben kostete und weitere Millionen zur Auswanderung zwang, führte in Dublin, wohin ein Teil der hungernden Massen flüchtete, zu zunehmender Verslumung. Charles Stewart Parnell, Irlands zweiter großer Freiheitsheld des 19. Jh., kämpfte im britischen Parlament als Führer der Home-Rule-Bewegung für katholischen Landbesitz und Unabhängigkeit von Großbritannien. Auch die 1892 von Douglas Hyde gegründete Gälische Liga zeugte vom Erwachen des irischen Nationalbewusstseins, der sog. Gälischen Renaissance.

Kampf um die Unabhängigkeit

Der bewaffnete Osteraufstand von 1916, von den Briten brutal niedergeschlagen, bildete das Fanal für einen blutigen Unabhängigkeitskrieg, an dessen Ende die Briten 1921 die Gründung des Irischen Freistaates hinnehmen mussten. An der Frage des Verbleibs der sechs nördlichen Grafschaften, des heute noch britischen Nordirland, entzündete sich bis 1923 ein verlustreicher Bürgerkrieg, der wiederum große Zerstörungen in Dublin anrichtete. 1937 wurde eine neue Verfassung für Eire, den irischen Freistaat, verabschiedet, die der Kirche großen Einfluss auf die Politik zubilligte. Unter dem langjährigen Ministerpräsidenten Eamon de Valera begann eine Ära der Reaktion und Stagnation.

Eine europäische Hauptstadt

Nach dem EG-Beitritt Irlands 1973 begannen sich progressivere Tendenzen und Protestbewegungen gegen die rigide katholische Moral auszubilden, die in der Wahl der fortschrittlichen Mary Robinson zur Präsidentin 1990 einen Fokus fanden. Gleichzeitig setzte ein einzigartiger Wirtschaftsboom ein, der sog. Keltische Tiger, der die irische Hauptstadt in eine moderne europäische Metropole verwandelte. 1991 wurde Dublin Europäische Kulturhauptstadt. Groß angelegte Sanierungsprojekte, zunächst von Temple Bar, dann von Smithfield und dem Dubliner Norden, die Errichtung futuristischer Gebäude und Monumente wie dem Spire, machten aus Teilen des ›good old Dublin‹ eine postmoderne Modelllandschaft aus Glas, Edelstahl und Beton. Obwohl die Finanzkrise seit 2008 gerade die irische Wirtschaft arg beutelte, dürften städtische Modernisierungsprojekte wie die an O'Connell Street, am Parnell Square oder in den Docklands sowie verkehrspolitische Neuplanungen Dublin weiter verändern. Mit Verzögerungen wird man trotz einer leichten Erholung allerdings rechnen müssen.

Farbenfroh: Kindergruppe bei der Parade zum St. Patrick's Day

Anreise

... mit dem Flugzeug

Für einen Kurztrip nach Dublin gibt es zum Flieger, der etwa 2 Std. braucht, keine Alternative. Günstig sind Flüge mit Ryanair (www.ryanair.com) ab Frankfurt/Hahn und Berlin, Aer Lingus (www.aerlingus.com) von mehreren deutschen Flughäfen, u. a. Berlin-Schönefeld und Düsseldorf, oder Germanwings (www.germanwings.com), u. a. von Köln/Bonn. Teurer sind meist die Verbindungen mit Lufthansa (www.lufthansa.com), die nach Dublin von mehreren deutschen Flughäfen abhebt. Aer Lingus fliegt täglich auch von Wien und Zürich nach Dublin (www.aerlingus.com).

Flughafen

Dublin Airport liegt 13 km nördlich der Innenstadt an der Autobahn M 1 (Tel. 01 814 11 11, www.dublinairport.com). Sämtliche Fluggesellschaften, Autoverleiher, Geldwechselmöglichkeiten, Touristeninformation, Cafés und Läden findet man auf der Eingangsebene. Nach Verlassen des Haupteingangs fahren linker Hand mehrere Buslinien ins Zentrum, u. a. Airlink alle 10–20 Min. (einfach 6 €, hin und zurück 10 €), nach Heuston Station und Connolly Station. Die Fahrt dauert durchschnittlich 30 Min., wegen ständiger Staus genug Zeit einplanen. Taxis stehen ebenfalls vor dem Eingang, ins Zentrum kostet die Fahrt ca. 20 €.

... mit dem Auto/der Fähre

Da man zwei Anfahrtstage oder eine Übernachtfahrt braucht, ist die Anreise im Pkw eher etwas für Leute, die länger im Land bleiben. Die Direktfähren von **Irish Ferries** (www.irishferries.com) fahren mehrmals wöchentlich in ca. 20 Std. über Nacht von Cherbourg in Frankreich nach Rosslare an der Südostspitze Irlands, ca. 150 km südlich von Dublin. Es gibt auch verschiedene ›Landbridge‹-Verbindungen über Großbritannien, etwa mit **P&O:** zunächst Kanalfähre Calais–Dover oder durch den Eurotunnel, dann mehrstündige Autofahrt durch England und Fähre von Liverpool nach Dublin, www.poferries.com.

... mit der Bahn/dem Bus

Täglich Bahnverbindungen von deutschen, österreichischen und Schweizer Bahnhöfen über London nach Dublin. Infos in Reisebüros mit Bahnagentur oder auf Bahnhöfen, www.bahn.de.

Einreisebestimmungen

Für Aufenthalte unter drei Monaten benötigen Deutsche, Österreicher und Schweizer einen Personalausweis, Reisepass oder eine Identitätskarte, die noch mindestens sechs Monate gültig sein sollten. Auch Kinder benötigen einen eigenen Ausweis. Für Fahrzeuge und Wohnwagen braucht man den nationalen bzw. EU-Führerschein; die grüne Versicherungskarte wird empfohlen.

Im Verkehr zwischen den EU-Ländern bestehen keine Mengenbegrenzungen für Waren, die zum persönlichen Verbrauch bestimmt sind. Es gibt jedoch sog. ›Indikativmengen‹: Wer mehr als 800 Zigaretten, 10 l Spirituosen oder 90 l Wein mit sich führt, muss die private Verwendung mit Belegen nachweisen.

Für Schweizer sowie generell für Waren aus dem Duty Free Shop gilt: 200 Zigaretten oder 100 Zigarillos oder 50 Zigarren oder 250 g Tabak; 1 l Spirituosen oder 2 l Sherry und 2 l Wein; 50 g Parfüm oder 25 ml Eau de Cologne, Souvenirs im Wert bis 600 €.

Nach Irland dürfen Haustiere via Fähre oder Flugzeug ohne Quarantäne einreisen, wenn sie einen Mikrochip eingepflanzt und einen EU-Heimtierpass sowie eine Impfung gegen Tollwut nachgewiesen haben, www.agriculture. gov.ie/pets.

Feiertage

Wenn ein Feiertag auf einen Sonntag fällt, wird er am darauffolgenden Montag nachgeholt.
1. Jan.: New Year's Day
17. März: St. Patrick's Day
Karfreitag: Good Friday
Ostermontag: Easter Monday
25. Dez.: Christmas
26. Dez.: St. Stephen's Day
Bank Holidays: 1. Mo im Mai, Juni, August sowie letzter Mo im Oktober.

Feste und Festivals

Jameson International Dublin Film Festival: 11 Tage im März, www.jdiff. com. Seit 1986 werden in allen Kinos irische Premieren, ausländische Produktionen, Klassiker und Experimentalfilme gezeigt.
St. Patrick's Day & Festival: 4 Tage vor dem 17. März, www.stpatricksfesti val.ie. Ein Mammutprogramm mit Tanzfete, Feuerwerk, Sonderausstellungen, Konzerten, Veranstaltungen für Kinder. Gegen 11 Uhr am 17. sammelt sich die

St. Patrick's Parade u. a. am St. Stephen's Green (▶ G 5–6), um 12 Uhr geht's los. Musik- und Tanzgruppen aus aller Welt, Dubliner Wirtschaftsunternehmen, Schulformationen, Theatergruppen, Pantomimen, verkleidete St. Patricks und rund eine Million Zuschauer füllen die Straßen, vor allem die Hauptzugmeile von der Christ Church Cathedral (▶ F 5) bis zur O'Connell Street (▶ G 4). Jeder trägt ein Sträußchen Klee, *shamrock (Trifolium minus)*, am Revers. Vieles, was sonst nicht grün ist, wird es jetzt: Hundeköpfe, Pizzateig, Brunnenwasser.
Dublin Writers Festival: 2. Mai-Hälfte, www.dublinwritersfestival.com. Internationale und Dubliner Starautoren lesen und diskutieren in zahlreichen Veranstaltungen und Poetry Slams.
Bloomsday: 16. Juni, www.jamesjoy ce.ie. Tausende von Joyce-Verehrern pilgern am Tag, an dem der Roman »Ulysses« spielt, nach Dublin und nehmen an den Lesungen, Kolloquien und Führungen teil, die vor allem das Joyce Centre (s. S. 35) anbietet. Wer den Joyce-Kult ernst nimmt, absolviert die Stationen des Stadtmarathons der Hauptfigur Leopold Bloom in der edwardianischen Kleidung von 1904.
Dublin Horse Show: 2. Mi–So im August, Royal Dublin Society (▶ J 7), Anglesea Rd., Ballsbridge, DART, Landsdowne Rd., www.dublinhorseshow. com. Die traditionsreiche Selbstinszenierung des irischen Mittelstands wird seit 1868 von der Royal Dublin Society, kurz RDS, veranstaltet. Fünf Tage lang findet eine chaotisch wirkende Fülle von Springwettbewerben und gesellschaftlichen Events auf dem weitläufigen Gelände statt. Die Palette der Attraktionen auf dem Ross-Sektor reicht vom Kinderponyspringen bis zu einem der weltweit begehrtesten Springpreise, der ›Aga Khan Trophy‹, der traditionell

freitags im Preis der Nationen vergeben wird. Im volksfestartigen Rahmenprogramm werden in der ›Flower Show‹ die dicksten Kohlköpfe und am Donnerstag, dem ›Ladies' Day‹ die extravaganteste Kopfbedeckung prämiert.

All Ireland Finals: 2. So im September: Hurling-Finale, 4. So im September: Gaelic Football-Finale, Croke Park Stadium (▸ G 3), www.gaa.ie. Die Finale der rauen, kampfbetonten gälischen Sportarten Hurling und Gaelic Football sind ein riesiges Volksfest mit einer unvergleichlichen, bei aller Begeisterung für die eigene Mannschaft und allem Bierkonsum, friedlichen Stimmung.

Dublin Theatre Festival: Ende Sept. bis Mitte Okt., www.dublintheatrefestival.com. Hat sich seit seiner Gründung 1957 zu einem der weltweit bedeutendsten Theaterfestivals entwickelt. Irische Klassiker, zeitgenössische Dramen sowie renommierte ausländische Ensembles und Shows kommen in Dublins vielen Theatern auf die Bühne.

Dublin Fringe: Mitte–Ende Sept., www.fringefest.com. Dieses Theaterfestival bietet mit Experimentalensembles, Comedy, Tanz und Aufführungen in den kleineren Theatern die flippigere Variante.

Kulturherbst: Ende September bietet die landesweite **Culture Night** eine Nacht lang den kostenlosen Besuch von Sehenswürdigkeiten, Museen und Performances, ein Familienevent mit Geheimtipp-Garantie (www.culturenight.ie). Wer Iren treffen und Spaß haben will, ist hier richtiq – und bei **Open House**, einem Wochenende Anfang Oktober, an dem sonst der Öffentlichkeit nicht zugängliche Bauwerke geöffnet sind (www.architecturefoundation.ie/openhouse).

Weihnachten: An den geschäftsoffenen Adventssonntagen ist es in der City, die von Lichtkünstlern verwandelt wird, voller als je zuvor. In den Docklands findet ein Weihnachtsmarkt statt, mit Glühwein *(German mulled wine)*, Christmas Cake, Santa Claus und irischen Elfen bunt durcheinander. Am 1. Weihnachtstag ist alles geschlossen.

Tourist Card: Dublin Pass

Bei den Tourist Information Centres oder – oft etwas billiger – online (www.dublinpass.ie) gibt es den **Dublin Pass** für 1 Tag (Erw. 39 €, Kind 19 €), 2 Tage (Erw. 61 €, Kind 31 €), 3 Tage (Erw. 71 €, Kind 39 €). Er gewährt freie Benutzung des Flughafenbusses Aircoach, freien Eintritt in über 30 Museen und Vergünstigungen bei Stadtführungen, dem Abbey Theatre und anderen Institutionen.

Achtung: Wenn Sie abends den Aircoach benutzen, ist der Ein-Tages-Pass sozusagen ›verbraucht‹: Er gilt nur an einem Kalendertag! Prüfen Sie, ob die Eintritte der Sehenswürdigkeiten, die Sie an einem Tag besichtigen können, nicht unter dem Passpreis liegen. Sechs der im Pass enthaltenen Museen sind ohnehin kostenfrei zugänglich!

Freier Eintritt (auch ohne Dublin Pass): Kostenlos kommt man in die Nationalmuseen (die beiden National Museums, National Gallery, National Museum of Natural History, Irish Museum of Modern Art, National Botanic Gardens), in die St. Mary's Pro-Cathedral, die Chester Beatty Library und das House of Lords in der Bank of Ireland.

Fundbüro

Dublin Bus: Earl Pl., Tel. 01 703 13 21, Mo–Fr 8.45–17 Uhr.
Flughafen: Airport Police Station, Tel. 01 814 55 55, tgl. 7–22 Uhr.

Geld

Landeswährung ist der Euro.
1 Euro = 1,21 CHF (Okt. 2014).
Alkohol, Tabak und Restaurantbesuche sind besonders teuer.
Beispiele: Übernachtung pro Person im Schlafsaal eines Hostels ca. 15 €, DZ im Mittelklassehotel ca. 80 €, Kaffee 2,50 €, Pint Bier 5 €, Glas Wein 7 €, 3-Gang-Menü in gutem Restaurant ab 35 €, Mittagessen im Pub etwa 10 €.

Gesundheit

Mitglieder der gesetzlichen Krankenversicherungen in einem EU-Land können sich nach Vorlage der Europäischen Krankenversicherungskarte (EHIC) kostenlos bei irischen Kassenärzten und Krankenhäusern behandeln lassen. Will man den Arzt frei wählen, so sollte man eine Auslandskrankenversicherung abschließen.

Privatversicherte können den Versicherungsschutz gegen eine Beitragserhöhung auf das Ausland erweitern. Schweizer müssen die Behandlungskosten selbst tragen oder sollten eine Zusatzversicherung abschließen.

Krankenhäuser und Arztzentren

St. James's Hospital: James St., Kilmainham (▶ E 5), Tel 01 410 30 00, Luas: Red Line, James's. Krankenhaus mit ständigem Notfalldienst und Unfallabteilung.

Childrens' University Hospital: Temple St. (▶ G 3), Tel 01 878 42 00, Bus: 36, 36A, 22, 22A. Universitäts-Kinderkrankenhaus mit ständiger Notfallabteilung.

Grafton Medical Practice: 34 Grafton St. (▶ G 5), Tel. 01 671 21 22, Mo–Do 8.30–18, Fr bis 17 Uhr. Ärztezentrum.

Dublin Dental Hospital: Lincoln Pl. (▶ G 5), Tel. 01 612 72 50, tgl. 9–12.30, 14–17 Uhr.

Apotheke

Hickey's Pharmacy: 21 Grafton St., Tel. 01 679 04 67, Mo–Fr 8.30–20, Sa 9–19.30, So 10.30–18 Uhr.

Informationsquellen

In Deutschland
Tourism Ireland
Gutleutstr. 32
60329 Frankfurt/Main
Tel. 069 66 80 09 50
www.ireland.com/de-de

In Österreich
Tel. 01 501 59 60 00
www.ireland.com/de-at
(kein Publikumsverkehr)

In der Schweiz
Tel. 044 210 41 53
www.ireland.com/de-ch
(kein Publikumsverkehr)

In Dublin
Dublin Tourism: Suffolk St., St. Andrew's Church, Tel. 01850 23 03 39, www.visitdublin.com, Mo–Sa 9–17.30/ Juli–Aug. bis 19, So, Fei 10.30–15 Uhr. Zimmervermittlung und Infos für Dublin und Irland, Ticketreservierung, Wechselstube, Bustouren, Autovermietung, Souvenirs, Bücher, Broschüren, Fionn Café.

Dependancen: 14 Upper O'Connell St., Mo–Sa 9–17 Uhr; Flughafen, tgl. 8–22 Uhr; Ferry Terminal, Dún Laoghaire Harbour, Mo–Fr 9.30–13.15, 14.30–17 Uhr. Die **Telefonische Auskunft** erreicht man irlandweit unter 01850 23 03 30.

Dublin im Internet
Landeskennung: .ie
Alle Websites außer www.ireland.com/de-de sind auf Englisch.
www.ireland.com/de-de: Die Website der irischen Fremdenverkehrszentrale in Deutschland ist eine deutschsprachige Seite für ganz Irland, auf der auch ein Teil für Dublin steht. Hier kann man Buchungen von Hotels etc. vornehmen und sich über aktuelle Angebote der Reiseveranstalter informieren.
www.visitdublin.com: Die benutzerfreundliche Website von Dublin Tourism bietet neben einem Suchprogramm viele Infos zu Sparten wie Unterkunft, Essen, Veranstaltungen, Sehenswürdigkeiten, Transport etc. sowie die Möglichkeit zur Onlinebuchung. Nützlich auch die Sonderangebote, Kurztrips etc. unter ›Offers & Prizes‹.
www.goldenpages.ie: Irlands Gelbe Seiten listen so ziemlich jedes Unternehmen auf: Bei der Suche dort lässt man aber die Apostrophe immer weg (Frank's = Franks).
www.pubguidedublin.com: Einige der Dubliner Pubs, mit Livemusik etc.
www.irishtimes.com: Die »Irish Times« ist Dublins beste Tageszeitung. Sie bringt Aktuelles aus Dublin sowie einen Tageskalender der Veranstaltungen.
www.templebar.ie: Im Führer zu Dublins ›cultural quarter‹ findet man Adressen von Pubs und Restaurants und vor allem aktuelle Events.
www.dublintourist.com: Kommerzielle Seite mit touristischen Infos zu Unterkunft, Sights, Events.

Internetcafés
Viele befinden sich am Wellington Quay auf der Liffey-Seite von Temple Bar. Die meisten modernen Hotels und Hostels bieten Internetanschluss.

Kinder

Die Dubliner sind ausgesprochen kinderlieb. In den Hotels wird meist kostenlos ein Babybett hinzugestellt, fast alle Restaurants haben Kinderstühle. Nicht so gut sieht es mit Wickelräumen aus — ›nappy-changing facilities‹ in den Toiletten sind fast unbekannt. Stillen in der Öffentlichkeit ist nicht sehr verbreitet, man muss aber auch nicht mit schrägen Blicken rechnen. Dublin Tourism gibt ein Heftchen ›Family Fun in Dublin‹ heraus.

Unterkunft
Viele Hostels haben Familienzimmer. Häufig gewähren die Hotels Nachlässe für Kinder. Empfehlenswert sind die Ketten Bewley's und Jury's Inn (s. S. 89). Luxus- und Komforthotels offerieren meist einen Babysitter-Service.

Essen
Für gewöhnlich kann man etwas ältere oder ruhige Kinder durchaus auch in bessere Restaurants mitnehmen. Pizza, Pasta, Pommes gibt es aber auch meist zur Genüge. Nach 21 Uhr dürfen sich Kinder und Jugendliche unter 18 Jahren auch in Begleitung Erwachsener nicht mehr in einem Pub aufhalten.

Spartickets
Alle Sehenswürdigkeiten bieten ermäßigte Eintritte für Kinder oder auch verbilligte Familientickets an. Ganz Kleine müssen meist gar nichts zahlen. In öffentlichen Verkehrsmitteln fahren Kinder günstiger, auch den Dublin Pass (s. S. 18) gibt es preisreduziert für Kinder.

Unternehmungen

Rund ums Wasser: Ausflüge nach Howth (s. S. 84), Dún Laoghaire (s. S. 82) und nach Bray mit dem National Sealife Centre (s. S. 82) sowie die Stadtführungen Dublin Sea Safari und Viking Splash Tour (s. S. 25) sind kindgerechte ›nasse‹ Unternehmungen. Kultur für Kinder bietet das Kindertheater The Ark (s. S. 55) in Temple Bar.

Tiere: Der schöne Dublin Zoo und das Phoenix Park Visitor Centre lohnen den Besuch (s. S. 67). Die ausgestopften Tiere im National Museum of Natural History (s. S. 43) kommen bei Kindern auch meist gut an.

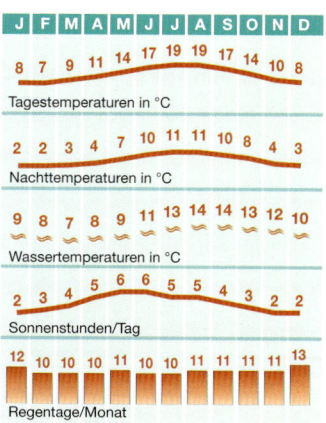

| J | F | M | A | M | J | J | A | S | O | N | D |
| 8 | 7 | 9 | 11 | 14 | 17 | 19 | 19 | 17 | 14 | 10 | 8 |

Tagestemperaturen in °C

| 2 | 2 | 3 | 4 | 7 | 10 | 11 | 11 | 10 | 8 | 4 | 3 |

Nachttemperaturen in °C

| 9 | 8 | 7 | 8 | 9 | 11 | 13 | 14 | 14 | 13 | 12 | 10 |

Wassertemperaturen in °C

| 2 | 3 | 4 | 5 | 6 | 6 | 5 | 5 | 4 | 3 | 2 | 2 |

Sonnenstunden/Tag

| 12 | 10 | 10 | 10 | 11 | 10 | 10 | 11 | 11 | 11 | 11 | 13 |

Regentage/Monat

Klimadiagramm Dublin

Klima und Reisezeit

Das feucht-gemäßigte, ozeanische Klima sorgt für ausgeglichene, milde Jahreszeiten. Der Wind bläst oft kräftig und hauptsächlich aus Westen. Ideale Reisemonate sind wetterbedingt Mai, Juni und September. Im Juli/August wird es voll. In der stimmungsvollen Adventszeit, Januar und Februar gehört Dublin (fast) nur den Dublinern.

Öffnungszeiten

Banken: Mo–Fr 10–16, Do bis 17 Uhr.
Geschäfte: Unterschiedlich, Kernzeit 9–17.30/18 Uhr; im Zentrum haben die Läden Do meist bis 20 und So 14–18 Uhr geöffnet.
Post: Mo–Fr 9–17, die größeren auch Sa 9–13 Uhr; General Post Office (G.P.O.) Mo–Sa 8–20 Uhr.
Pubs: Mo–Mi 11.30–23.30, Do–Sa 11.30–0.30, So 12.30–23 Uhr; nach 2.30 darf auch in Clubs definitiv kein Alkohol mehr ausgeschenkt werden.
Staatliche Museen: Di–Sa 10–17, So 14–17 Uhr.

Rauchen

Ist in allen Pubs, Restaurants, Verkehrsmitteln etc. verboten.

Reisen mit Handicap

Eine kostenlose Broschüre der Irischen Fremdenverkehrszentrale informiert über behindertengerechte Unterkünfte, Transport, Blindenhunde, Parkplätze etc.: **Irish Wheelchair Association,** 24 Blackheath Drive, Clontarf, www.iwa.ie.

Die neueren Hotels sind alle behindertengerecht konzipiert, die neue Luas-Straßenbahn auch, Bus, DART und Bahn erst teilweise.

Sport und Aktivitäten

Baden

Obwohl Irland bekanntlich kein klassisches Badereiseziel ist, bietet die Dubliner Region schöne Sandstrände, z. B. in Sandymount, Dollymount (North Bull Island), oder Badeplätze an der Felsküste der südlichen Vororte wie Blackrock und Killiney. Absolut kindertauglich ist der kleine Sandstrand in Sandycove. Bray hat einen schönen Sandstrand und viktorianische Badeseligkeit mit britischem Flair. Die Wassertemperaturen entsprechen etwa denen von Nord- und Ostsee. Infos über Sauberkeit findet man unter der Blaue-Flaggen-Website www.blueflag.org. Dublin hat seit einiger Zeit eine Kläranlage, die die Wasserqualität allmählich verbessern wird.

Gälische Sportarten
Bei der GAA erhält man Karten für alle Spiele der irischen Sportarten Hurling und Gaelic Football, die in Dublin im Croke Park Stadium stattfinden. Infos: **Gaelic Athletic Association (GAA),** Croke Park (▶ G 3), Tel. 01 836 32 22, www.gaa.ie.

Golf
Dublin ist eine der Golfmetropolen der Welt, ein Viertel aller irischen Golfplätze befindet sich im Umkreis einer Stunde. Fast überall sind Gastspieler willkommen, doch sollte man vorbuchen. Das Dublin Tourism Centre gibt eine Broschüre ›Golfing around Dublin‹ mit genauen Infos heraus. Preiswert ist z. B. der städtische Corballis Golf Links, ein Dünenplatz mit Green Fees um die 20 €, Donabate, Tel. 01 843 65 83, www.golfdublin.com.

Joggen
Joggen kann man am besten im Phoenix Park (▶ A–D 1–5), entlang von Grand Canal und Royal Canal oder an den Stränden der Dubliner Bucht wie North Bull Island (▶ M 3).

Pferderennen
Die Dubliner sind, wie alle Iren, überaus wettbegeistert. In einem der zahlreichen Betting Offices oder direkt bei den Buchmachern auf den Rennbahnen setzten sie früher ihre Pfundnoten, weshalb die Wetter auch *punter* heißen. Seit 1888 finden in Leopardstown, einem der bedeutendsten Rennplätze Europas, Galopp- und die bei den Iren ungleich beliebteren Hindernisrennen statt. Es gibt gut 20 Renntage, der Rennkalender beginnt mit dem traditionsreichen Weihnachtsrennen vom 26. Dezember.
Leopardstown Racecourse: Foxrock, Dublin 18 (10 km vom Zentrum), Tel. 01 289 05 00, www.leopardstown.com, Luas von St. Stephen's Green nach Sandyford/Brewery Road.

Wandern
Wandern auf markierten Wegen kann man nicht nur in den **Wicklow Mountains** – in Marlay Park im Süden Dublins beginnt der 132 km lange Fernwanderweg Wicklow Way –, sondern auch im Stadtgebiet. **Grand Canal Way** und **Royal Canal Way** verlaufen ohne Steigungen auf Treidelpfaden entlang der beiden Kanäle. Als Karten empfehlen sich die ›Discovery Series‹ des Ordnance Survey im Maßstab 1 : 50 000. Im Internet: www.discoverireland.ie, www.irishtrails.ie.

Wassersport
Wo die Irische See vor der Haustür liegt, gibt es viele Möglichkeiten zum Segeln, Windsurfen, Wasserski-, Kanu- oder Kajakfahren. Segeln und Windsurfen kann man in Malahide, Monkstown, Dún Laoghaire oder direkt im Dubliner Hafen: Im Grand Canal Dock treffen sich Kanufahrer, Surfer und Segler. Bei **Surfdock** (▶ J 5, South Dock Rd., Tel. 01 668 39 45, www.surfdock.ie, DART: Grand Canal Dock), können Segler, Windsurfer und Kajakfahrer Ausrüstung mieten oder Kurse belegen. Surfdock bietet sowohl Kurse für Anfänger als auch für Fortgeschrittene an.

Telefon

Telefonvorwahlen

Vorwahl von Deutschland, Österreich und der Schweiz nach Irland 00 353, dann die 0 der irischen Ortsnetzkennzahl weglassen. Vorwahl für Dublin und County Dublin 01. Von Irland nach Deutschland 0049, nach Österreich 0043, in die Schweiz 0041, danach die erste 0 der Rufnummer weglassen.

Handy

Nur GSM-fähige digitale Mobiltelefone mit Roaming-Vertrag funktionieren in Irland. Man sollte sich bei seinem Anbieter vorher erkundigen, da die Gebühren für Telefonate und Internetnutzung unterschiedlich sein können. Wenn man ein Prepaid-Handy benutzt, kann man sich nach einem günstigen Auslandspaket erkundigen. Eine gute Alternative ist ein in Dubliner Telefonshops für um die 50 € zu erwerbendes ›Ready to Go‹-Handy mit Prepaid-Karte. Hat man ein irisches Netz ausgewählt, kann man eine Nummer im Land ohne Landesvorwahl anrufen, ist aber denoch nur mit der Landesvorwahl des eigenen Heimatlandes erreichbar.

Unterwegs in Dublin

Luas

Internet: www.luas.ie
Die moderne Straßenbahn verfügt über zwei Linien: **Red Line** von Tallaght über Heuston parallel zur Liffey bis The Point, **Green Line** von St. Stephen's Green in den Süden bis Brides Glen. Mo–Fr 5.30–0.30, Sa 6.30–0.30, So 7–23.30, Fei 7–0.30 Uhr, Züge alle 5–20 Min.
Preise: Kurzstrecke Erw. 1,70 €, Kinder 0,90 €; hin und zurück Erw. 3,20 €, Kinder 1,70 €; Flexi Tickets für 1 Tag Erw. 6,40 €/Kinder 2,70 €. Man kauft das Ticket an den Touchscreen-Automaten auf dem Bahnsteig, keine Entwertung.

Bahn/DART

Internet: www.irishrail.ie
Die Vorstadteisenbahnen (Suburban Rail) sowie die Schnellbahn DART (Dublin Rapid Area Transit) von Malahide nach Greystones werden von Iarnród

Sicherheit und Notfälle

Sicherheit: Taschendiebstähle und Autoeinbrüche kommen wie in jeder anderen europäischen Metropole vor. Wertsachen im Hotelsafe lassen, vor allem im touristischen Gedränge auf Handtaschen und Papiere achten oder einen Geldgürtel tragen, nichts im Auto lassen.
Botschaften: Deutsche Botschaft, Tel. 01 269 30 11, www.dublin.diplo.de
Österreichische Botschaft, Tel. 01 269 45 77, www.bmeia.gv.at/en/embassy/dublin
Schweizerische Botschaft, Tel. 01 218 63 82, www.eda.admin.ch/dublin
Notrufnummern: Notruf (Polizei, Krankenwagen, Feuerwehr, Bergwacht, Seenotrettung) 999 und 112 (ohne Münzeinwurf)
Polizei: Alle Dienststellen der Garda Síochána, z. B. Pearse St., Tel. 01 666 90 00, 24 Std. geöffnet. Hilfe für Touristen, die Opfer von Kriminalität geworden sind: Tel. 1809 365 700, info@iras.ie, http://itas.ie.
Sperr-Notrufnummer: Für Kreditkarten, EC-Karten und Handys, Tel. 0049 116 116.

Stadtführungen

Literary Pub Crawl: Dieses abendliche ›Bekriechen‹ von Literaturkneipen ist zum Klassiker geworden. An die 50 (Wissens-)Durstige ziehen mit kundiger Führung durch vier Pubs der Innenstadt. Schauspieler zitieren z. B. Oscar Wildes bissige Bonmots oder deklamieren Brian O'Nolan, den ›James Joyce des trinkenden Mannes‹. Während der etwa 2,5 Std. kann man (auf eigene Kosten) trinken und/oder an dem launigen Literaturquiz teilnehmen. Treffpunkt: oben im The Duke, 9 Duke St., April–Okt. tgl. 19.30, Nov.–März Do–So 19.30 Uhr, Tel. 01 670 56 02, www.dublinpubcrawl.com, 12 €.

Le Cool: Vorher buchen unter http://lecool.walkdublin.tumblr.com, der Treffpunkt variiert, liegt aber immer im Zentrum, ca. 10 €. Die Internetseite ist auch eine Fundgrube für In-Tipps! Der etwa zweistündige Spaziergang führt jedes Mal zu anderen Läden, Pubs, Sehenswürdigkeiten, Performances und Ausstellungen, je nachdem, was gerade angesagt ist.

Éireann betrieben. DART verkehrt werktags alle 15–30 Min. von 6–24, Sa ab 7.30, So etwa alle 30 Min. 9–24 Uhr. Hunde und Fahrräder sind im DART nicht erlaubt. Die Preise sind gestaffelt, z. B. vom Zentrum nach Howth Erw. 3,05 €.
Iarnród Éireann Travel Centre: 35 Lower Abbey St., Tel. 01 703 18 88, Mo–Sa 9.30–17.30 Uhr, Fahrpläne, Infos, Tickets. Die gibt es auch in den Bahnhöfen.

Stadtbusse

Internet: www.dublinbus.ie
Dublin Bus (gälisch: Bus Átha Cliath) betreibt das gut ausgebaute Busnetz mit über 150 Linien vom Doppeldeckerbus bis zum kleinen ›City Imp‹.
Dublin Bus Head Office: 59 Upper O'Connell St., Tel. 01 873 42 22, Mo–Fr 9–17.30, Sa 9–14 Uhr: Fahrpläne, Tickets, Infos.
Tickets: Fahrscheine gibt es auch bei Dublin Tourism und in Zeitschriftenläden mit dem Schild ›Dublin Bus Ticket Agent‹. Der Ticketautomat im Bus nimmt nur exakt abgezähltes Münzgeld an. Einzelfahrt: 1,45 € für 1–3 Stationen (›stages‹), 1,95 € für 4–7, 2,15 € für 8–13, 2,50 € für alles ab 14 Stationen; Kinder 0,95 € für 1–7 Stationen, sonst 1,10 €. Das »Freedom Adult«-Ticket kauft man vorab. Es gilt für drei Tage (auch für Airlink und den Hop-on-hop-off-Bus) und kostet 30 €. Außerdem günstig: das ›Rambler‹-Ticket ab 6,90 €/Tag.

Wichtigste Destination ist ›An Lár‹, gälisch für Stadtzentrum. Die meistbefahrenen Linien kommen alle 10–20 Min., Betrieb ist von 5.30–23.30 Uhr. Rauchen ist in allen Bussen verboten.
Nitelinks: Die Nachtbusse fahren vom Zentrum (ab D'Olier St. nach Norden, ab Westmoreland St. nach Westen, ab College St. nach Süden) in verschiedene Vororte, Fr, Sa alle 30 Min., 0.30–4.30 Uhr, 5 €.

Leap Card

Diese Verkehrskreditkarte erspart den Ticketkauf für alle Dubliner Verkehrsmittel und bietet Rabatte. Vorher bestellen unter www.leapcard.ie oder vor Ort kaufen, am Flughafen oder an 400 Verkaufsstellen in der Stadt. Mit dem gewünschten Betrag aufladen und vor Fahrtantritt an die Entwertungsmaschinen an »Touch-on« halten. Auf der Website ist auch die **Leap Visitor Card** erhältlich: 3 Tage für 19,50 € unbegrenzt im Dubliner Stadtgebiet gültig.

Taxi

Nonstop besetzte Taxistände sind: College Green, St. Stephen's Green, Upper O'Connell St., Aston Quay; Taxis halten auch an Bahnhöfen und vor großen Hotels. Sonst am Straßenrand stoppen oder Tel. 01 668 33 33, 01 677 22 22. Startgebühr 4,10 €, pro km 1,03 €, ab 20 Uhr teurer (www.taxiautofare.com).

Mietwagen

Alle internationalen Gesellschaften sind am Flughafen vertreten. Das billigste Auto bekommt man pro Tag ab ca. 18 €. **Argus:** 59 Terenure Rd., East Rathgar (auch am Flughafen), Tel. 01 499 96 00, http://arguscarhire.com.

Fahrradverleih

Selbstbedienungssystem mit 44 Verleihstationen: Man schreibt sich an einer der 15 Stationen mit Kreditkartensystem für 2 € ein (ab 14 Jahre, 150 € Kaution). Erste halbe Stunde kostenlos, 2 Std. 1,50 €. Infos unter www.dublinbikes.ie.

Stadtrundfahrten

Dublin Sightseeing Tours: www.dublinsightseeing.ie, Start und Buchung: Dublin Bus Head Office (s. S. 24, Tel. 01 703 30 28). Gut für einen ersten Eindruck: Die grün-beigen Doppeldeckerbusse mit *open top* und launigem Live-Fahrerkommentar kommen tgl. 9–15 Uhr alle 10 Min., 15–17 Uhr alle 15 Min. an einem der vielen Stopps vorbei, bei denen man innerhalb von 24 Std. beliebig zu- oder aussteigen kann. Fast alle Hauptsehenswürdigkeiten werden angefahren. Die ganze Tour dauert ca. 75 Min. und kostet 19 €/Erw. (2 Kinder unter 14 Jahren frei pro zahlenden Erw.).
Viking Splash Tours: In Oldtimer-Amphibienfahrzeugen fährt man erst 55 Min. über Straßen, dann 20 Min. durchs Wasser des Grand Canal Dock. Der Fahrer ist als Wikinger kostümiert. Kinder unter 3 Jahren dürfen nicht mit. Start bei St. Stephen's Green North gegenüber der Dawson St.-Einmündung (▶ G 5), 20 €, Touren etwa alle 30 Min., Tel. 01 707 60 00, www.vikingsplash.com.

Der Umwelt zuliebe – nachhaltig reisen

Die Umwelt schützen, die lokale Wirtschaft fördern, intensive Begegnungen ermöglichen, voneinander lernen – sozial verantwortlicher und umweltfreundlicher Tourismus übernimmt Verantwortung für Klima, Natur und Gesellschaft. Die folgenden Webseiten geben Tipps, wie man seine Reise nachhaltig gestalten kann.
www.dublin.ie/environment: Hier wird über sämtliche Umweltaspekte Dublins aufgeklärt, z. B. über ›Green Shopping‹ wie auf dem Bio-Erzeugermarkt in Temple Bar.
www.ecocabs.ie: Kostenlos, ja, wirklich kostenlos fahren moderne Fahrradrikschas bis zu drei Touristen im Umkreis von etwa 2 km um die O'Connell Street herum. Gesponsert wird der Dienst von verschiedenen Unternehmen (März–Dez. tgl. 10–19 Uhr).
www.fairunterwegs.org: »Fair reisen« anstatt nur verreisen – dafür wirbt der schweizerische Arbeitskreis für Tourismus und Entwicklung. Außerdem ausführliche Infos zu Reiseländern in der ganzen Welt.

15 x Dublin direkt erleben

An einem verkaufsoffenen Samstag über die Grafton Street zu manövrieren, erfordert Geduld, Ellbogen oder beides. Man schiebt sich voran im Rhythmus der Einkaufswilligen, taucht mit einem Kopfsprung ein in den hektischen Alltag dieser Stadt. Kann Geld ausgeben – oder einfach nur gucken.

1 | Hier fängt Dublin an – Trinity College

Karte: ▶ G 5
Luas: Red Line, Abbey Street, **Bus:** 15, 15a/b, 74, 74a College Street

Der College Green vor Trinity College ist nicht besonders grün, sondern einer der verkehrsreichsten Flecken von Dublin. Und trotzdem der Ort, um mit dem Kennenlernen zu beginnen. Hier liegt der Haupteingang zum parkähnlichen Campus der altehrwürdigen Universität Trinity College, die das Book of Kells beherbergt.

Dublins drei Magistralen, Dame Street, O'Connell Street und Grafton Street, beginnen unweit von diesem lärmigen Eck. Es wimmelt nur so von Fußgängern, Radfahrern, Autos, Bussen, Denkmälern. Es stinkt nach Abgasen. Es hupt und heult und röhrt.

Die Säulen des Geistes

Vor Trinity blicken die von John Henry Foley (1818–1874) geschaffenen **Statuen** 1 des konservativen Philosophen und Staatsmanns Edmund Burke und des Dichters Oliver Goldsmith würdig auf ihre nachgeborenen Kommilitonen herab. 90 m breit gelagert ist die neoklassizistische Fassade des Wissenstempels, eine architekturgewordene Verkörperung englischen, protestantischen Herrschaftsanspruchs. 1592 gründete die ›jungfräuliche‹ Königin Elizabeth I. das Dreifaltigkeits-College. »Jetzt weiß ich, was man unter Protestant Ascendancy versteht. Diese Gebäude sehen wie eine Festung aus«, schrieb der deutsche Philosoph Ludwig Wittgenstein 1936 über die Fassade von Trinity.

Illustre Vorgänger

Durch den mit Holzparkett gepflasterten Tordurchgang betritt man die Universität. Unter den Vorgängern der heute etwa 15 000 Studenten befinden sich so berühmte Geistesgrößen wie die Schriftsteller Jonathan Swift, Oscar Wilde, Bram Stoker, John Millington Synge, Samuel Beckett und Edna

O'Brien, der Politiker Henry Grattan, der 1782–1800 dem ersten eigenständigen irischen Parlament vorstand, die gescheiterten Rebellen Robert Emmet und Theobald Wolfe Tone sowie Irlands erste Präsidentin, Mary Robinson.

Als Bollwerk des englischen Protestantismus geschaffen, erschwerte Trinity Katholiken den Zugang. Im Gegenzug verbot die katholische Kirche bis 1970 den Besuch der als liberal verschrienen Uni, woran sich aufgrund der Qualität der Lehre nicht jeder hielt. Frauen durften hier, was für die Zeit progressiv war, ab 1903 akademische Weihen erwerben.

Oase der Ruhe

Der weite, belebte Innenhof **Parliament Square** mit seinem kleinteiligen Pflaster, picobello kurz geschnittenem englischem Rasen und Hunderten Fahrrädern ist eine Oase der Ruhe: Die eleganten Gebäude aus hellgrauem Stein, die ihn umschließen, wirken wie Lärmschutzwälle. Sie stammen größtenteils aus dem 18./19. Jh., die aus rotem Backstein errichteten **Rubrics** 2 hinter den stattlichen alten Ahornbäumen am Stirnende aus dem Jahr 1700. In der Mitte ragt das Wahrzeichen des Campus auf, der 1852 von Lord John Beresford, Erzbischof von Armagh, gestiftete **Campanile** 3 . Während des Trimesters läuten seine Glocken das Abendessen ein.

Würdige Beispiele georgianischer Architektur sind die **Examination Hall** 4 und die **College Chapel** 5 , beide von William Chambers (1723–1796) erbaut und von Michael Stapleton mit pastellfarbenem, georgianischem Stuck geschmückt. Die Kapelle mit originalem Gestühl und Orgelempore sowie Kachelfußboden und bunten Glasfenstern aus dem 19. Jh. ist seit 1973 das einzige ökumenische Gotteshaus im katholischen Irland. Dem Wohnheim und den Tennisplätzen dahinter gaben die Stu-

denten den Spitznamen **Botany Bay** 6 nach der berüchtigten australischen Strafkolonie, weil der Hof am weitesten vom Hauptgebäude entfernt war.

Ein 65 m langer Bücherschrein

Das lang gezogene graue Gebäude zur Rechten des Campanile, die 1712 bis 1732 von Thomas Burgh erbaute **Old Library** 7 , umhüllt wie ein steinerner Schrein die Long Hall (s. Foto), eine einzigartige, holzgetäfelte Bibliothek mit über 200 000 in Schweinsleder gebundenen bibliophilen Schätzen. Ursprünglich einstöckig, bekam sie erst 1860 das

Übrigens: Trinity College ist eine illustre Kaderschmiede, an die man in einem Zug mit Oxford und Cambridge denkt. 16 % der Studierenden kommen aus dem Ausland. ›Hart arbeiten und feste feiern‹, lautet die Devise. Persönlicher Kontakt zu den Dozenten ist Grundvoraussetzung. Ein Seminar mit mehr als 15 Teilnehmern gilt als überfüllt. Mit ein bisschen Glück bekommt man sogar ein Zimmer in den historischen Gebäuden direkt auf dem Campus. Von solchen Bedingungen können Studenten deutscher Massenunis nur träumen.

Emporengeschoss, das hölzerne Tonnendach und die weihevoll-dunkle Tunnelatmosphäre, die man – nicht nur – in viktorianischer Zeit so schätzte: In »Star Wars Episode II« stellt die ein wenig veränderte Bibliothek das Galaktische Archiv dar. In der unglaublich 65 m langen Galerie findet man zudem eine gespenstisch weiße Büstensammlung, Irlands älteste Harfe aus dem 15. Jh., deren Zuschreibung an Brian Boru (s. S. 14) reine Legende ist, sowie eine originale Proklamation der Irischen Republik von 1916.

Das schönste Buch der Welt

Der größte Schatz von Trinity, das **Book of Kells,** wird im Rahmen einer eigenen Ausstellung in der Old Library gezeigt, die es in den Kontext zeitgenössischer Metallschmiede-, Email- und Steinmetzkunst stellt. Außerdem bekommt es Gesellschaft von seinen Vettern, dem **Book of Durrow** und dem **Book of Armagh.** Das ›Buch von Kells‹, Höhepunkt frühmittelalterlicher irischer Buchmalerei, wurde um 800 in Majuskelschrift (Großbuchstaben) verfasst und enthält die lateinischen Texte der vier Evangelien. Wahrscheinlich begannen es Mönche im schottischen Kloster Iona, die es auf ihrer Flucht vor den Wikingern ins irische Kells brachten und dort vollendeten. Mehr als 150 Kälber mussten für das feine Pergament ihre Haut zu Markte tragen, was auf eine wohlhabende Mönchsgemeinschaft hindeutet. Im Jahr 1007 erfolgte anlässlich einer unerhörten Freveltat die erste schriftliche Erwähnung des Wunderwerks, das James Joyce als »das Irischste, was wir besitzen« bezeichnete: Es wurde aus dem Kloster Kells gestohlen und drei Monate später ohne seinen kostbaren Einband unter einer Grassode wiedergefunden.

Dass es die ›Bestattung‹ unversehrt überstand, jedenfalls die Kraft seiner Farben unbeeinträchtigt blieb, davon kann man sich in der **Ausstellung** anhand der Leuchttafeln und der aus konservatorischen Gründen stets wechselnden beiden aufgeschlagenen Originaldoppelseiten überzeugen. Fast jedes der 340 Pergamentblätter schmücken farbige Initialen und schalkhafte Randzeichnungen: putzige Katzen, Pfauen, Fischotter, Vögel, Hunde, menschliche Gesichter und mit Rundschild und Lanze bewaffnete Männchen. Die sowohl abstrakten als auch zoomorphen Flechtmuster sowie die überbordende, ineinander verflochtene Ornamentik der ganzseitigen Illustrationen, der sog. Teppichseiten, treibt den keltischen *horror vacui* zu ungeahnten, nie wieder erreichten Höhen.

Infos
Trinity College und Book of Kells: College St., www.tcd.ie, Mo–Sa 9.30–17, So Mai–Sept. 9.30–16.30, Okt.–April 12–16.30 Uhr, Erw. 10 €, Kinder unter 12 Jahren frei.

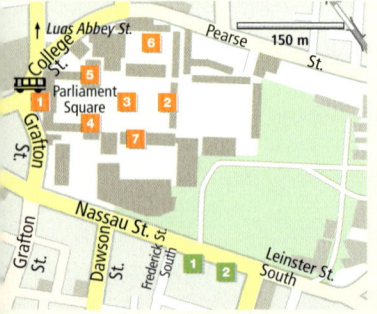

Shoppen und Lunchen in der Nassau Street
Celtic Note 1 (14/15 Nassau St., Tel. 01 670 41 57, www.celticnote.com, Mo–Mi 9–18.30, Do 9–20, Fr, Sa 9–19, So 11–18 Uhr) ist ein heller, moderner Laden mit einer großen Auswahl an irischer Musik von U2 bis zu irischer und internationaler Folkmusik.

Das größte Souvenir-Imperium vor Ort heißt **Kilkenny Shop** 2 (6 Nassau St., www.kilkennyshop.com, Mo–Mi, Sa 8.30–19, Do 8.30–21, Fr 8.30–20, So 10–18 Uhr). Hier findet man eine breite Auswahl an Bekleidung, Souvenirs, Schmuck, Porzellan und Kristall mit distinguiert-konservativem Touch. Auf der Galerie bietet ein **Café** Kuchen und Lunch an.

2 | Die aufgehübschte Magistrale – O'Connell Street

Karte: ▶ G 4 | **Luas:** Red Line, Abbey Street

Einst als Frittenboulevard verschrien, ist die mehrspurige O'Connell Street durch das futuristische Monument des Spire und andere Ruhmestaten urbaner Sanierung auf dem Weg zu einer wahren Hauptstadtmeile. Historische Denkmäler und nationale Weiheplätze konvergieren zu einem touristischen Must.

Straße, Brücke, Denkmal: Alle drei sind sie dem ›Liberator‹ gewidmet: dem Freiheitskämpfer Daniel O'Connell (1775 bis 1847), der als Advokat der Katholikenemanzipation und politischer Gegner der englisch-irischen Union in Irland quasi Heiligenstatus einnimmt. Allerdings erfolgte die Umbenennung in O'Connell Street erst 1924, als die Engländer endgültig fort waren. Die dreibogige Steinbrücke von 1876 wirkt mit ihren 46 m Breite wie Länge als einzige in Europa wie ein Platz.

Denkmal für den Befreier

John Henry Foley schuf 1854 das mächtige bronzene **O'Connell Monument** ❶ gleich am Anfang der Magistrale: Es zeigt O'Connell über Vertretern der irischen Gesellschaft und über Erin, der Personifizierung Irlands, stehend. In den vier geflügelten Statuen am Sockel wurden bei der Restaurierung 2005 einige Kugellöcher vom Osteraufstand 1916 als historische Reminiszenz belassen. Die Schulmädchen in ihren Uniformen und die Schülergruppen aus aller Welt, die sich gern an seinem Sockel ausruhen, schätzen wohl eher den zentralen Charakter des Platzes.

Während des Osteraufstands legte das englische Kanonenboot »Helga« von der Liffey aus den unteren Bereich der georgianischen Straße – damals noch Sackville Street – in Schutt und Asche. 1918–1923 wurden die neoklassizistischen, imposanten Fassaden aus Granit, Back- und Kalkstein wieder aufgebaut.

Während des Easter Rising 1916 war das General Post Office heftig umkämpft – heute weht die irische Flagge auf dem geschichtsträchtigen Gebäude

Moderne Zeiten

Heute verleihen Kaufhäuser, Schnellimbissketten, Bushaltestellen und Myriaden hin und her flutender Menschen Dublins breitestem Boulevard – fast 50 m bei einer Länge von ›nur‹ 500 m – ein dynamisches, ziemlich hektisches Flair. Durch die Reduzierung der Fahrspuren und die Schaffung einer relativ freien Fläche im Mittelstreifen wurde die Transformation in eine zeitgenössische Großstadtarterie eingeleitet. Dafür wurden 2005, nicht ohne Proteste von Umweltschützern, hundertjährige ›englische‹ Platanen gefällt und durch gefällig gereihte Mickerbäumchen irischer Provenienz ersetzt.

Denkmäler en masse

Der Mittelstreifen ist mit einer ganzen Armee von Denkmälern ausstaffiert. Daniel O'Connell an der Liffey eröffnet die patriotische Meile (s. S. 31). Es folgen **William Smith O'Brien** 2, einer der Anführer der gescheiterten Rebellion von 1848, im Jahr 1870 von Thomas Farrell verewigt, **Sir John Gray** 3, der Schöpfer des Dubliner Wasserversorgungssystems, 1879 ebenfalls von Thomas Farrell gegossen, der Gewerkschafter **James Larkin** 4, 1980 expressiv von Oisín Kelly ›verdenkmalt‹, sowie **Father Theobald Mathew** 5, der Prediger der Abstinenzlerbewegung, der 1890 von Mary Redmond geschaffen wurde. **Charles Stewart Parnell** 6, der zweite irische Befreiungsheld und energischer Verfechter der Home Rule, wurde 1911 von Augustus Saint-Gaudens vor ein hohes granitenes Denkmal vor den Beginn des Parnell Square gestellt.

Memento des Osteraufstands

Patriotisches Symbol und funktionierende Hauptpost in einem ist das **General Post Office** 7, kurz GPO. Es liegt hinter einer mächtigen Tempelfront, die

Francis Johnston 1814 erbaute. Über sechs ionischen Säulen thronen die Statuen der Treue, der Hibernia und des Merkur, geschaffen von dem in Dublin viel beschäftigten Bildhauer John Smyth. Das GPO war das Hauptquartier der Rebellen während des Osteraufstands von 1916, von den Treppen des Eingangs verlas Patrick Pearse, einer der Anführer des Aufstands, die Proklamation der Irischen Republik. Das Gebäude wurde durch die Kämpfe fast vollständig zerstört, in den 1920er-Jahren jedoch restauriert. Die Statue des sterbenden **Cú Chulainn** von Oliver Sheppard wurde am Ostersonntag 1935 enthüllt. Der auf den Tod verwundete irische Sagenheld, den Patrick Pearse gern für sein patriotisches Opferpathos instrumentalisierte, hat sich an eine Säule gebunden, um seinen Feinden zu trotzen: Erst, als sich ein Rabe ungestraft auf seine Schulter setzt, wagen sie jedoch anzugreifen.

In einer Ecke des Postamts informiert das kleine Postmuseum über die Geschichte der irischen Post indem es Briefmarken ausstellt und die Geschichte der Menschen erzählt, die am Ostermontag im Postamt waren. Wichtigstes Exponat ist eine Originalkopie der Proklamation der Irischen Republik.

Zentrum des Facelifting

Wo die IRA 1966 die Nelson-Säule sprengte, steht seit 2003 Europas höchste Skulptur. Unglaubliche 120 Meter reckt sich die schimmernde Stahlnadel des **Spire** 8 in den Himmel, zweckfrei und umwerfend schön. Der Spire scheint selbst den Rahmen der wahrlich nicht kleinen O'Connell Street zu sprengen. Der britische Architekt Ian Ritchie entwarf das High-Tech-Wunderwerk, dessen Durchmesser sich von 3 m an der Basis zu 15 cm an der Spitze verjüngt. Das offiziell ›**Monument of Light**‹ genannte umstrittene

Symbol des neuen Dublin hat viele Namen, die Zeugnis vom Dubliner Mutterwitz ablegen, aber nicht unbedingt von Begeisterung künden: ›stiletto in the ghetto‹, ›pole in the hole‹, ›rod up to God‹ oder schlicht ›Northside Needle‹ – eine Anspielung auf Dublins Drogenprobleme. Um das GPO und den Spire wurde ein zentraler Platz angelegt, ein urbaner Ort der Begegnung, wie es bei den Städteplanern heißt.

Kathedrale im Hinterhof

Angesichts zweier protestantischer Kathedralen erstaunt es, dass die einzige katholische recht versteckt liegt und überdies gar keine Kathedrale, sondern, wie der Name sagt, ein Provisorium ist. Die dorische Tempelfront von **St. Mary's Pro-Cathedral** 9 ist viel zu wuchtig für die kleine Marlborough Street, aber sie war ja auch für einen repräsentativeren, weiteren Platz bestimmt: den, den jetzt die Hauptpost einnimmt. Doch im damals protestantischen Dublin durften katholische Kirchen nicht auffallen, und um die beginnende Katholikenemanzipation nicht durch Unbescheidenheit zu gefährden,

Übrigens: Wochentags bietet der **Moore Street Market** 1 einen Einblick ins ungeleckte Dubliner Alltagsleben. Das Angebot der Straßen- und mobilen Stände der einheimischen Obst-, Gemüse-, Zigaretten- und CD-Händler wurde in den letzten Jahren von asiatischen und afrikanischen Lebensmittelverkäufern ergänzt, die sich in den festen Geschäften niedergelassen und dem Markt neue Attraktivität verliehen haben. Marktschreier und raue Umgangsformen gehören zu dieser Dubliner Institution wie Guinness in den Pub.

gab der Liberator nach. 1825 wohnte er der Einweihungsmesse bei. Die protzig-kalt wirkende fünfschiffige Säulenhalle, in der täglich mehrere Messen gelesen werden, ist stets von Gläubigen besucht, die vor den Altären knien, den Rosenkranz beten oder Kerzen anzünden.

Irlands Nationaltheater

Das **Abbey Theatre** 10, ein funktionaler, wenig überzeugender 1960er-Jahre-Bau des Architekten Michael Scott, entstand nachdem das alte Abbey 1951 ausgebrannt war. Umzugspläne kursie-ren derzeit, in die Docklands oder ins GPO soll es gehen. Am 27. Dezember 1904, vor ausverkauftem Haus, wurde das legendäre Abbey eingeweiht, das William Butler Yeats und Lady Gregory gegründet hatten. Michael Collins, einer der führenden Köpfe der antibritischen Irish Volunteers, die am Ostermontag das GPO besetzten, besuchte Aufführungen auch zwischen heftigen Scharmützeln während des Bürgerkriegs, und mehr als einmal musste er aus dem von britischen Black and Tans umstellten Gebäude geschmuggelt werden.

Öffnungszeiten

G.P.O.: O'Connell St., Mo–Sa 8–20 Uhr. Postmuseum Mo–Fr 10–17, Sa 10–16 Uhr, 2 €.
St. Mary's Pro-Cathedral: 83 Marlborough St., www.procathedral.ie, Mo–Fr 7.30–18.45, Sa 7.30–19.15, So 9–13.45, 17.30–19.45 Uhr.
So um 11 Uhr wird eine lateinische Messe gefeiert, bei der der berühmte Jungenchor Palestrina Choir singt.

Abbey Theatre: 26 Lower Abbey St., Tickets Tel. 01 878 72 22, www.abbeytheatre.ie, Luas: Red Line, Abbey St. Pläne, das Abbey an einen anderen Ort zu verlegen, wurden aufgegeben. Nun soll vor Ort modernisiert werden.

Kaffee trinken

Kylemore Café 1: 1 Upper O'Connell St., Mo–Sa 7.30–21, So 9–19 Uhr. Das preiswerte Allerweltscafé ist eine der mit vielen Filialen in Dublin vertretenen Bäckerei. Frühstück, Mittagssnacks zwischen Tradition und Moderne, Sandwiches, Kuchen – die Shopper von der O'Connell Street strömen nur so herein.

Bier trinken

The Flowing Tide 1: 9 Abbey St. Lower, Mo–Do 10.30–23.30, Fr, Sa bis 0.30, So 11–23 Uhr. Hinter der seltenen klassizistischen Steinfassade treffen sich viele Schauspieler vom Abbey gegenüber. Durch eine gründliche Neugestaltung hat The Flowing Tide ein schickes Interieur mit polierten Holzböden und glitzernden Chromdetails bekommen. Die gemütliche Pub-Atmosphäre hat nicht darunter gelitten.

Karte: ▶ F–G 3–4 | **Luas:** Red Line, Abbey Street

Das James Joyce Centre in der Nordstadt inspiriert und informiert, danach wandert man durch die Geburtsstadt des epochalen irischen Schriftstellers und sieht, was die Bauwut der letzten Jahrzehnte davon übriggelassen hat.

»Er trug Dublin in sich. Würde Dublin zerstört, so könnten seine Wörter die Häuser wieder erbauen, wenn Dublins Bevölkerung ausgelöscht würde, könnten seine Bücher sie wieder bevölkern«, schrieb C. P. Curran im Nachruf auf einen der größten Schriftsteller des 20. Jh., James Joyce (1882–1941). Joyce verbrachte seine prägenden Jugendjahre in Dublin. 1904 verließ er seine ihm zu eng gewordene Heimatstadt.

Tanzen bei Herrn Maginni

Das **James Joyce Centre**  in der nördlichen Altstadt ist der beste Ort, um eine Tour auf Joyces Spuren zu beginnen. Das Literaturmuseum nimmt die Räumlichkeiten eines 1784 gebauten georgianischen Stadtpalais' ein. Die zarten Stuckarbeiten Michael Stapletons und Charles Thorps' in den mintgrünen und aprikosenfarbenen Räumen wirken wie feinstes Wedgewood-Porzellan. Um 1900 führte hier Mr. Maginni, der in Joyces Hauptwerk **»Ulysses«** auftaucht, eine Tanzschule.

Das Literaturzentrum bietet nicht nur Infos zu Joyce, sondern eine Reise in die Zeit des Autors anhand von Videos, Fotos des alten Dublin und Joyce-Memorabilia wie seiner Totenmaske. Besonders evokativ ist eine Teilrekonstruktion der engen Triester Wohnung, die er mit seiner Frau Nora Barnacle und den Kindern teilte, während er an »Ulysses« schrieb.

In der reich ausgestatteten Bibliothek kann man unter dem ovalen Deckenrelief mit dem Wagen der Aurora forschen oder schmökern, und im Café schlürft man seinen Tee vor einem »Ulysses«-Wandgemälde und der originalen Tür der Eccles Street No 7.

Nicht für die Schule lernen wir
Am Kopf der North Great George's Street mit teils liebevoll restaurierten georgianischen Stadthäusern steht das georgianische **Belvedere College** 2 . Hier ging der junge Joyce bei den Jesuiten in die Schule. Da es auch heute noch als Schule genutzt wird, kann man es jedoch nur von außen anschauen.

Was von Joyces Stadt übrig blieb
Wer sich die Originalstätte **Eccles St. No 7** 3 ansehen will, hat es von hier nicht weit. Allerdings gibt es auch nicht mehr viel zu sehen. Das georgianische Reihenhaus No 7, die vielleicht berühmteste Adresse der Weltliteratur, ist im »Ulysses« das Wohnhaus der Hauptfigur Leopold Bloom und dessen Frau Molly. Schon in den 1950er-Jahren war es zu einem Slum verkommen, in dem sieben Familien hausten. Später wurden die oberen Geschosse gekappt. Noch ein paar Jahre später wurde es dann für einen Krankenhausneubau abgerissen – ein eklatantes Beispiel dafür, wie lieblos Dublin in der Vergangenheit mit seiner historischen Bausubstanz umging.

Bilder von Joyce
Jede Menge zu sehen und zu erfahren gibt es hingegen im **Dublin Writers Museum** 4 . Es ist in einem stattlichen georgianischen Stadthaus untergebracht und gedenkt der zahlreichen weltberühmten irischen Schriftsteller. Swift und Wilde, Yeats und Shaw, Behan, Beckett und natürlich Joyce sind mit Porträts, Briefen, Manuskripten, Erstausgaben ihrer Werke und allerlei Memorabilia vertreten. Im Erdgeschoss sind u. a. eine Erstausgabe des »Ulysses« sowie eine Kopie jenes expressionistischen Porträts von Jacques-Emile Blanche ausgestellt, das die Joyce-Ikonografie maßgeblich prägte. Weniger bekannt und deshalb vielleicht eindrücklicher ist das Bild des ratlos blickenden Meisters von Basil Blackshaw (1962). Der **Buchladen** des Museums hat die beste Literaturauswahl von und über Joyce vorrätig.

Der längste Tag der Literatur
Vor dem Kylemore Café an der O'Connell Street steht ein **Joyce-Denkmal** 5 der Künstlerin Marjorie Fitzgibbon, das ihn recht schrullig mit Hut und Spazierstock zeigt. Der Dubliner Volksmund machte daraus ›the prick with the stick‹, harmlos übersetzt etwa ›der Stutzer mit dem Stock‹.

Joyces Held im »Ulysses«, Leopold Bloom, ist ein älterer, von seiner Gattin Molly betrogener Anzeigenakquisiteur jüdischer Herkunft mit einer schwer nachvollziehbaren Vorliebe für gebratene Nierchen zum Frühstück. Am ›längsten Tag der Weltliteratur‹, dem 16. Juni 1904, absolviert dieser gutmütige Charakter mit humanistisch-liberaler Grundeinstellung einen wahren Marathon durch Dublins Straßen. Zwischen acht Uhr morgens und drei Uhr in der Früh legt der »Vollblut-Pflastertreter« (Arno Schmidt) knapp 13 km zu Fuß und gute 16 mit öffentlichen Verkehrsmitteln zurück. 14 Bronzetafeln im innerstädtischen Pflaster verdeutlichen den Literatur-Pilgern auf Joyces Spuren **Blooms Stationen** von der Zeitung »Evening Telegraph« in der Abbey Street über Davy Byrne's zur National Library.

Ein Glas Burgunder ...
... und ein Gorgonzola-Sandwich mit Senf nimmt Leopold Bloom am 16. Juni 1904 zum Lunch im auch heute noch existierenden **Davy Byrne's** 1 ein. Seit Joyces Zeiten wurde der Pub mehrfach

umgestaltet. Noch immer jedoch kann man hier nicht nur das übliche *Pub Grub* verzehren, sondern auch das literarisch beleumundete Gorgonzola-Sandwich für 5,50 €. Das Glas Burgunder vom Couvent des Jacobins stammt aus Spanien.

... und Zitronenseife

Wie Bloom kann man ein paar Schritte weiter in der ehemaligen Drogerie Sweny's 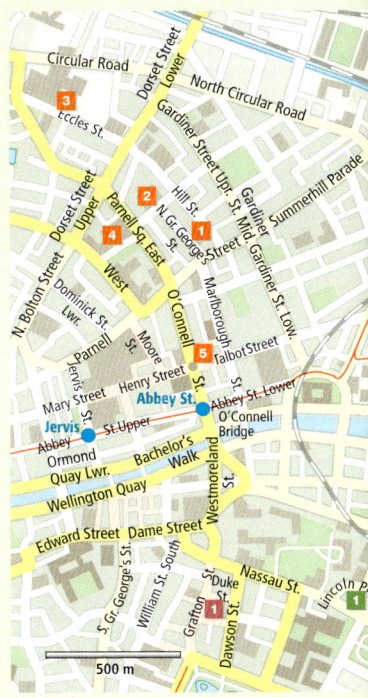 ein Stück *lemon soap* erstehen. Zwei Joyce-Enthusiasten führen heute den original erhaltenen, herrlich vollgestopften Laden, in dem nun auch Second Hand-Bücher und Trödel von Porzellan bis Nippes verkauft werden. Und sie organisieren Lesungen und Performances zum Thema Joyce, die einem Geheimtipp so nahe kommen, wie das nur geht.

Öffnungszeiten

James Joyce Centre: 35 North Great George's St., Tel. 01 878 85 47, www. jamesjoyce.ie, Mo–Sa 10–17, So 12–17 Uhr, Eintritt 5 €. Führungen auf Joyces Spuren Sa 11 u. 14 Uhr (bei genügend Vorbuchungen auch Di, Do), Erw. 10 €.
Writers Museum: 18 Parnell Sq., Tel. 01 872 20 77, www.writersmu seum.com, Mo–Sa 10–17, So 11–17 Uhr, Erw. 7,50 €, Kinder 4,70 €.
Davy Byrne's: 21 Duke St., Tel. 01 677 52 17, www.davybyrnes.com, Mo–Mi 11–23.30, Do, Fr 11–0.30, Sa 10.30–0.30, So 12.30–23 Uhr.
Sweny's: Lincoln Pl., Mo–Sa 11–. 17 Uhr, Do spät für Lesungen, http:// sweny.ie

Unverzichtbar für Joyce-Fans ...

... und solche, die es werden wollen, ist das **James Joyce Museum** (auch James Joyce Tower genannt, Sandycove Point, Sandycove, tgl. 10–18 Uhr, http://jamesjoycetower.com, Eintritt frei). Es liegt knapp 13 km südlich der Innenstadt, doch mit dem DART ist der charmante Seebadeort Sandycove (s. S. 82) bequem zu erreichen. 1904 wohnte Joyce sechs Tage lang mit Oliver St. John Gogarty, dem Vorbild für Buck Mulligan im »Ulysses«, in diesem früheren Martello Tower. Diese Türme errichteten die Briten gegen eine Invasion Napoleons entlang der Küsten. Der Wohnraum wurde so eingerichtet, wie er bei Joyces alias Stephen Dedalus' Besuch ausgesehen haben mag. Im Untergeschoss findet sich eine Ausstellung mit Werkausgaben, Porträts und anrührenden Devotionalien wie die von Joyces Großmutter mit Hunde- und Hirschköpfen bestickte Jagdweste.

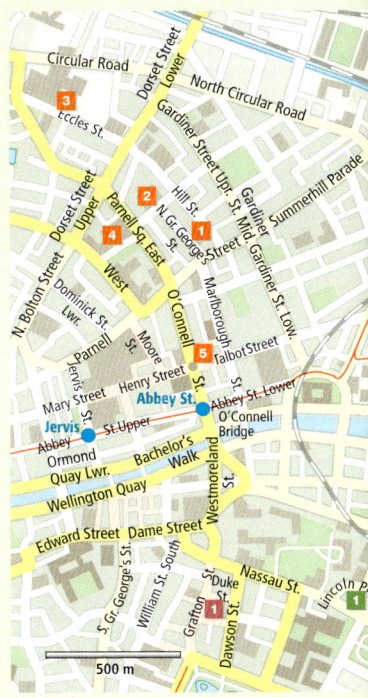

Karte: ▶ G 5 | **Luas:** Red Line, Abbey Street

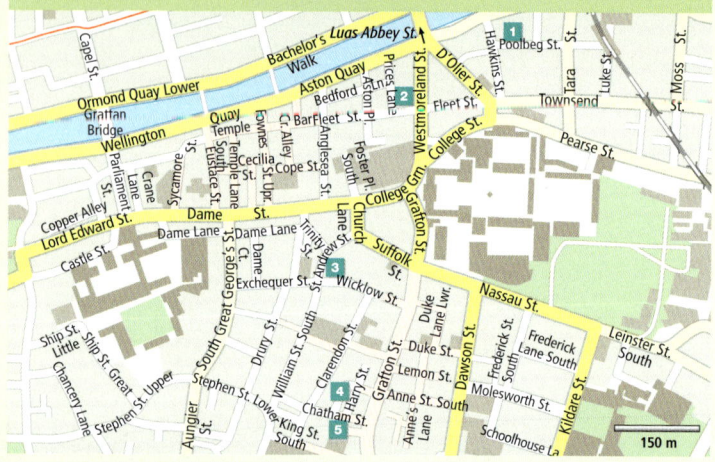

Die Pubs von Dublin: Das ist Mythos und Alltagsrealität in einem. Wo in den 1940er- bis 1960er-Jahren die literarisch verbriefte Bohème soff, allen voran Brendan Behan, trifft man heute Hausfrauen, Schauspieler, Broker, Studenten und die ganze sonstige normale Welt.

Das kommunikative, lässige Lebensgefühl der Dubliner stand Pate bei der Entstehung des Pub-Komments. Das Erste Gebot lautet: Du sollst in Runden trinken. Jeder aus einer Gruppe gibt eine aus, und zwar dann, wenn der erste Kollege sein Glas ausgetrunken hat. Das setzt die, die noch nicht so weit sind, natürlich unter Druck. Das Zweite Gebot: Du sollst dich nicht zu ernst nehmen. Angeberei ohne Selbstironie

kommt nicht gut an. Wer diese Regeln befolgt, hat in den Dubliner Pubs den erhofften *craic*, was so viel wie Spaß heißt.

Keine Handys, bitte!

Derart authentisch geht es im **Mulligan's** ▮1▮ zu, einem Pub, der die Old-World-Atmosphäre des ausgehenden 19. Jh. vielleicht am besten bewahrt hat. Unter der rauchvergilbten Decke herrscht ein schnörkelloses, etwas raues Flair. Hier wird angeblich Dublins bestes Guinness gezapft. Wie in jedem Pub, der etwas auf sich hält, gibt es eine Theke, die Bar und die Lounge – einen Sitzbereich mit Tischen, lehnenlosen Hockern und Plüschbänken. Noch heute sitzen die Girls eher in der Lounge, holen aber auch in der Männerdomäne Bar unaufhaltsam auf.

Mahagoni, Messing und Zapfbatterien

So wie die **Palace Bar** 2 , so muss ein Pub aussehen. Im gedämpften Licht schimmern das dunkle, polierte Holz und das Messing der Zapfhähne um die Wette. Die Spiegel und der klassizistische Schnitzprunk erinnern entfernt an Kircheninterieurs. Kein Zufall, denn Mitte des 19. Jh., als die alten Dubliner Pubs entstanden, arbeiteten dieselben Handwerker an Pubs und Gotteshäusern. Am Eingang ist noch ein *snug* erhalten, eine Art Trinkerkabine, in der früher Frauen (oder Priester) ihren sozial nicht akzeptierten Durst löschten. Bis weit in die 1960er-Jahre waren die Pubs eine männliche Domäne. Trinken war Männlichkeitsritual und gleichzeitig fast die einzige männliche Freizeitbeschäftigung.

Ohne Pub durch Dublin?

Das fand schon Leopold Bloom im »Ulysses« schwierig. In dem Gebiet um Temple Bar und Trinity College, Grafton Street und den angrenzenden Sträßchen wäre es unmöglich. Einer der entspanntesten der etwa tausend Dubliner Pubs ist die **International Bar** 3 . Hinter der sehr, sehr langen Theke, aus deren Zapfhähnen die Barmänner Guinness, Murphy's, Harp oder Smithwick's zapfen, ragt das obligatorische Regal mit Hochprozentigem auf, Powers, Paddy, Jameson, aufgereiht wie die Zinnsoldaten. Die Lounge ist eine lange, mit Polsterwänden abgetrennte Bank unter Buntglasfenstern und geschnitzten Holzpaneelen. Man fühlt sich wie im heimischen Wohnzimmer. Im ersten Stock wird jeden Abend **Livemusik** gespielt: Auch dafür sind die Dubliner Pubs berühmt.

Dichter am Tresen

Und für ihre trinkenden Dichter. In den 1940er- bis 1960er-Jahren waren die Literaturpubs der Innenstadt der Lebensmittelpunkt für Schriftsteller, Jour-

Auch wenn das beste Guinness der Stadt angeblich im Mulligan's gezapft wird, kam Brendan Behan trotzdem lieber in den McDaid's

nalisten, Studenten und andere Originale. **McDaid's** 4 war ein notorischer Treffpunkt für den berühmten Autor und Trinker Brendan Behan. Da viele auf seinen Spuren trinken wollen, fällt es abends schwer, sich zur Bar vorzukämpfen. Hinter blau-roten Säulen und zwei hohen Rundbogenfenstern steht die Bar, rhythmisiert mit den typischen Trennwänden aus Holz und Spiegeln, die Decke ist hoch gewölbt und burgunderrot. Zugeständnis an moderne Pubzeiten: der unvermeidliche Flachbildschirm über der Tür.

Brendan Behan live

Der junge Brendan Behan (1923–1964) hatte schon eine Vergangenheit, als er in den späten 1940ern im McDaids auftauchte und mit seinem sprühenden Witz, seinem schlechten Ruf – er hatte als jugendlicher IRA-Aktivist mehrere Jahre im Gefängnis gesessen, weil er auf einen Polizisten geschossen hatte – und seiner Trinkfestigkeit rasch zum Mittelpunkt eines Bohème-Zirkels wurde. Als Behan in den 1960ern als Autor der Autobiografie »Borstal Boy« und des Dramas »The Hostage« Weltruhm erlangt hatte, bildete sich ein Zirkel von Bewunderern aus *angry young men* um Behan, den seine Alkoholexzesse inzwischen schwer krank gemacht hatten.

In einer Sitzecke unter Büchern sowie beim Betrachten der alten Schwarzweißaufnahmen von Behan und Konsorten kann man sich parallel zu einem Guinness Behans geniale Gesprächsführung vergegenwärtigen wie seine Antwort zu einem US-amerikanischen Reporter. »What do you think about races?« (»Was halten Sie von Rassen/Rennen?«) wollte der von ihm wissen. »O, ich liebe das Epsom Derby, das Grand National …«, antwortete er. »Wie sieht es mit Mischehen aus?« unterbrach ihn der Mann, der offensichtlich etwas anderes hören wollte. Behan darauf: »Sind nicht alle Ehen gemischt … ? Ich meine, Männer und Frauen …«

Wo die Bohème noch lebt

Eiserne Arme strecken achteckige Laternen mit dem Namen dieses viktorianischen Bilderbuchpubs aus der roten Ziegelsteinfassade heraus. Da die Hintertür vom **Neary's** 5 zu der des Gaiety Theatre führt, überrascht es nicht, dass es ein beliebter Treff von Schauspielern und Theaterleuten ist. Während McDaid's Klientel kräftig touristisch durchsetzt ist, ist Neary's heute der bohèmehaftestes der legendären Literaten-Pubs. Dunkle Mahagoni-Töne, eine lange Polsterbank und große Spiegel bestimmen die Atmosphäre. In der Lounge im ersten Stock kann man an Wochenenden hoffnungsvolle junge Autoren sehen, die den ganz großen Romanwurf in der Tasche haben.

Für das folgende Bonmot muss man mehr als Talent haben. Was wünschte Brendan Behan auf dem Totenbett seiner Krankenschwester, einer Nonne: »Danke, Schwester, mögen Sie Mutter eines Bischofs werden!«

Wann man trinken kann
Alle fünf Pubs haben dieselben Öffnungszeiten: Mo–Do 10.30–23.30, Fr, Sa 10.30–0.30, So 12.30–23 Uhr.

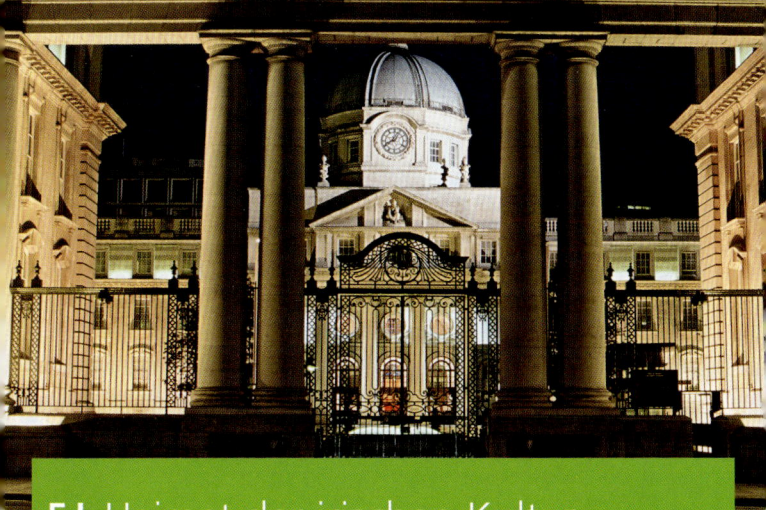

5 | Heimat der irischen Kultur – im Museumsviertel

Karte: ▶ G 5 | **Luas:** Green Line, St. Stephen's Green

**Kompakte Freuden für Kulturlieb-
haber verspricht dieses Viertel:
Im National Museum finden sie
das Spektakulärste aus 9000
Jahren irischer Kunst, im Leinster
House tagt das Parlament und in
den unerschöpflichen Buchschät-
zen der National Library stöberte
schon Joyce.**

Die großzügige, hufeisenförmige Hof-
anlage, die sich an der Kildare Street
auftut, besteht aus Leinster House an
der Stirnseite und den spiegelbildlichen,
fast identischen Gebäuden der Natio-
nalbibliothek links und des National-
museums rechts. Der Staat, flankiert
von Literatur und Kunst – ein löbliches
Selbstverständnis, das sich in diesem
Bild ausdrückt. Die beiden nationalen
Kulturstätten mit ihren säulenumstan-
denen zentralen Rotunden wurden von
demselben Architekten, Thomas Manly
Deane (1851–1933), errichtet, der bei

der Einweihung 1890 zum Ritter geschlagen wurde.

9000 Jahre irische Kunst
Das **National Museum – Archeo-
logy** ❶ ist sicherlich ein Höhepunkt
jedes Dublin-Besuchs. In der neoklassizistischen Eingangsrotunde mit Kasset-
tenkuppel, Marmorsäulen und Tierkreis-
zeichen im Fußboden kann man historisch inspirierten Schmuck, Bücher,
Spielzeug und andere Souvenirs kaufen.

In der zentralen Emporenhalle dahinter, ganz viktorianisches Gusseisen
und Glas, funkelt Irlands bronzezeitli-
ches Gold aus dem 2. Jt. bis ins 7. Jh.
v. Chr. Ansprechend im Fundzusammen-
hang werden halbmondförmige Lunulae,
Goldkragen, Lockenringe, Dosen, Arm-
reifen und Goldkugeln präsentiert. Die
massiven gedrehten Torques wiegen ein
Kilo und dürften ihren Träger am Hals
ziemlich gedrückt haben. Aber: viel Gold,
viel Ehr. Um das zentral präsentierte Gold

herum liegen auf den ersten Blick vielleicht unscheinbare, aber nicht minder spektakuläre prähistorische Funde: etwa der steinzeitliche, kunstvoll mit einem Spiralmuster verzierte Axtkopf aus Knowth, das im Moor gefundene über 15 m lange Einbaumboot von Lurgan sowie die Schilde, Trompeten und Waffen aus der Bronzezeit. Viele von ihnen sind mit den arabeskenhaften Mustern des keltischen La-Tène-Stils verziert.

Tara-Brosche und Ardagh-Kelch

Die rechte Galerie, die **Schatzkammer** (Treasury), beherbergt Irlands weltberühmte keltische und frühchristliche Metallschmiedekunstwerke. Die **Tara-Fibel** wurde im 8. Jh. aus Silber gegossen, vergoldet und mit Filigran, Bernstein und buntem Glas verziert. Diese vom Kontinent stammenden Techniken kombinierten die unbekannten Künstler mit dem späten La Tène-Stil, was man vor allem auf der Rückseite der Fibel sieht: Tierornamente, verschlungene Muster aus Silberdraht und gegossene Tier- und Menschenköpfe bilden eine kleinformatige, labyrinthartige Oberfläche, die weder Anfang noch Ende zu haben scheint.

Den **Ardagh-Silberkelch,** ebenfalls im 8. Jh. gefertigt, hat man zu Recht ein Musterbuch der Schmiedefertigkeiten genannt. Goldfiligran, verschlungene Tierleiber, Glasbuckel, Kerbschnittornamente und Kristall vereinen sich zu einem Gipfel an Virtuosität, der in späteren Jahrhunderten nicht mehr erreicht wurde. Neben diesen beiden Highlights lohnt der Blick auf die **Reliquiare,** meist in Hausform, auf Glocken, Krummstäbe und Buchreliquiare. Hervorzuheben wären etwa die schlichte Eisenglocke des hl. Patrick aus dem 6.–8. Jh. mitsamt Reliquiar und das Soiscél-Molaise-Reliquiar, das früheste Buchreliquiar. Ferner das Reliquiar des Stowe Missale (Stowe-Messbuch) und der Krummstab von Clonmacnoise, alle aus dem 11. Jh. Krönender Abschluss ist der um 800 geschriebene **Faddan More-Psalter,** dessen torfbraune Seiten von seiner Auffindung im Moor erzählen. Braun sind auch die dezent präsentierten **Moorleichen** der Ausstellung »Königtum und Opfer« (»Kingship & Sacrifice«), die die eisenzeitliche Sitte des Menschenopfers illustrieren.

Von den Wikingern bis ins Spätmittelalter

Im 1. Stock setzen ›Das Irland der Wikinger‹ und ›Mittelalterliches Irland von 1150–1550‹ die Kunstgeschichte fort. Hauptsächlich bei den Wood-Quay-Ausgrabungen wurden Exponate aus der Wikingerzeit gefunden: Spielsteine, Schädel mit Hiebverletzungen und Schwerter, die sie geschlagen haben könnten. Neben kirchlichen Schätzen wie Glocken, Abtsstäben, Reliquiaren oder den wertvollen Fethard-Holzfiguren wird auch das Alltagsleben dokumentiert. Seltene mittelalterliche Kleidung blieb in den Mooren erhalten. Ferner gibt es eine winzige ägyptische, römische und zypriotische Abteilung und Schränke für ›Entdecker‹, in denen sich von Privatleuten gefundene Schätze verstecken.

Das Parlament tagt

Leinster House 2 mit seiner klassizistischen Fassade wurde 1745 von Richard Castle für James FitzGerald, den 20. Graf von Kildare, errichtet. Seinen Namen verdankt es der Tatsache, dass der Graf einige Jahre später zum 1. Herzog von Leinster befördert wurde. »Wo immer ich hingehe, wird die Mode mir nachfolgen«, erklärte der junge Graf, als er das Grundstück in der bis dato nicht eben schicken Gegend kaufte. Der Adels-Beau, aufgrund seiner patriotischen Einstellung und seiner gekonnten Selbstinszenierungen so etwas wie ein Volksheld, machte seine Märchenexistenz perfekt, indem er zwei Jahre nach erfolgtem Hausbau die fünfzehnjährige Lady Emily Lennox ehelichte. Ihre außergewöhnliche Schönheit soll ihren Porträtmaler Joshua Reynolds in den Wahnsinn getrieben haben. Die exquisiten georgianischen Räumlichkeiten dienen heute den Gewaltigen der Politik: Hier tagen die beiden Kammern des irischen Parlaments, **Seanad** (Oberhaus) und **Dáil** (Unterhaus).

10 km Buchregale ...

... sowie eine Mikrofilmsammlung der kostbarsten Besitztümer, z. B. Yeats-Manuskripte, stehen Lesewilligen in der 1877 gegründeten **National Library** zur Verfügung. Kostenlos kann man das prachtvolle Foyer und die D-förmige, stuckverzierte Kuppelhalle mit den altmodischen Lesetischen besuchen und sich vorstellen, wie Stephen Dedalus und Freunde hier über Shakespeares Hamlet wie im 9. Kapitel des »Ulysses« disputierten. Eine Dauerausstellung beleuchtet Leben und Werk des irischen Literatur-Nobelpreisträgers William Butler Yeats. Allein die Toiletten in diesem Tempel der irischen Gründerzeit sind sehenswert.

Öffnungszeiten

Alle Zweige des **National Museum:** Tel. 01 677 74 44, www.museum.ie, Di–Sa 10–17, So 14–17 Uhr, Eintritt frei. **Leinster House/Dáil:** Tel. 01 618 30 00, www.oireachtas.ie, kostenlose Führungen Mo und Fr 10.30 und 14.30 Uhr, wenn keine Parlamentssitzung ist. **National Library:** www.nli.ie, 9.30–19.45, Do, Fr 9.30–16.45, Sa 9.30–12.45 Uhr.

Um die Ecke

National Museum – Natural History : Kein Geringerer als Dr. Livingstone eröffnete 1857 das Naturkundemuseum an der Merrion Street. Das Erdgeschoss dieses wunderbar altmodischen Vitrinenmuseums ist der irischen Tierwelt gewidmet. Den ›toten Zoo‹ nennen es die Dubliner Schulkinder, für die ein Ausflug zu den ausgestopften Tieren obligatorisch ist. Berühmt sind die drei Skelette des auf Howth gefundenen Irischen Riesenhirschs, der vor 10 000 Jahren ausstarb. Im hohen Obergeschoss mit gusseisernen Säulen und Mezzaningeschoss stehen ausgestopfte Tiere wie Nashorn, Löwe und der ausgestorbene tasmanische Wolf.

Schlemmen im Museumscafé

In der National Library und im National Museum kann man während der Öffnungszeiten der Museen in den **Cafés** Frühstück, Kaffee und Kuchen und mittags Snacks wie Quiches, Suppen, Salate und warme Gerichte essen.

Ein Pint in Ehren

Buswell's Bar : 23–27 Molesworth St., Mo–Do 10.30–23.30, Fr, Sa bis 0.30, So 11–23 Uhr. In der gediegen mit geschnitztem dunklem Holz ausstaffierten Bar des Traditionshotels Buswell nimmt, weil's so schön nah ist, auch mancher MP (Member of Parliament) seinen Drink.

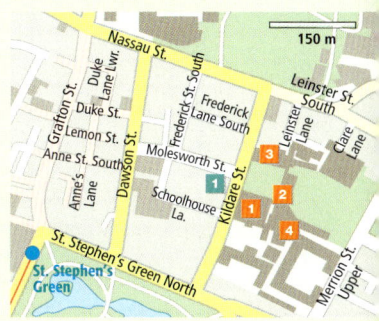

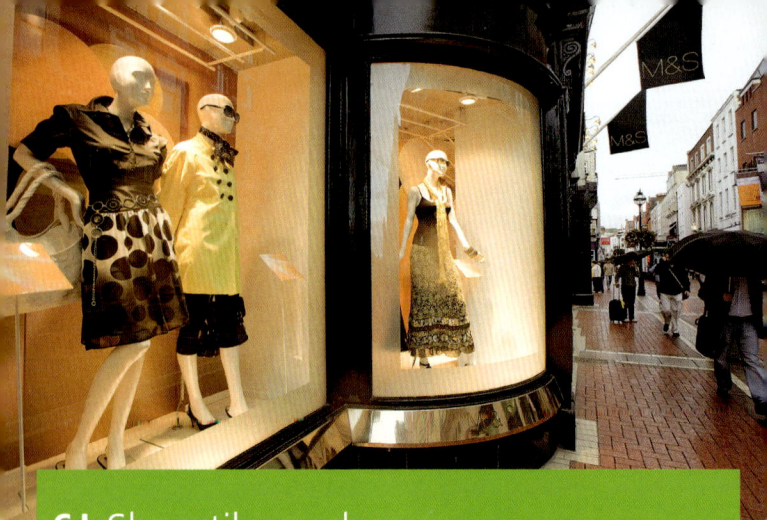

6 | Shop til you drop – Grafton und South Great George's

Karte: ▶ F–G 5 | **Luas:** Green Line, St. Stephen's Green

Straßenmusikanten klampfen und singen, was das Zeug hält, um der zäh fließenden Masse von Shoppern auf Dublins Haupteinkaufsstraße Grafton Street das Geld zu entlocken, das nicht in Boutiquen und Kaufhäuser gewandert ist. Die Läden und Cafés westwärts des Gassengewirrs huldigen etwas weniger dem Mainstream.

The Tart with the Cart

So nennen die Dubs die **Molly-Malone-Statue** 1 gegenüber dem georgianischen Provost's House. Übersetzt heißt das so viel wie ›das Flittchen mit dem Karren‹. Das 1987 errichtete Bronzedenkmal von Jean Rynhart, nicht gerade die Speerspitze zeitgenössischer Kunst, ist fast immer von Jugendlichen umlagert. Grund dafür dürften weniger die tiefen Einblicke sein, die das bronzene Dekolleté gewährt, als vielmehr

die zentrale Lage des Denkmals. Die »Dubliners« haben Molly mit dem *Traditional* »In Dublin's Fair City« berühmt gemacht: »Crying cockels and mussels! alive, alive oh!« ist so etwas wie die inoffizielle Hymne Dublins geworden. Die schöne, früh an einem Fieber gestorbene Straßenhändlerin schob angeblich noch als Geist ihren Karren mit Herz- und Miesmuscheln durch die Straßen.

Auf der Höhe des Zeitgeistes

Wenige Schritte um die Ecke lockt der mehrstöckige Flagship Store des Bekleidungs-, Design- und Delikatessen-Imperiums **Avoca Handweavers** 1. Shopperinnen strömen zunächst ins Erdgeschoss, die Anlaufstation für tragbare, feminine, farbenfohe, ein bisschen verspielte Damenkollektionen aus hochwertigen Stoffen – leichtes Cashmere, feine Baumwolle, warmer Tweed, Röcke mit Stickerei und Paillettenbesatz. Grobstrick à la Aran-Pullover sucht man vergeblich. Da kostet ein Cashmere-Bolero schon mal 100 €. Im Basement liegt das Eldorado der irischen Feinkost: Wildlachs, Chutneys, Soßen, Marmeladen, Honig und kleine Leckereien wie Pizzas und Quiches zum Mitnehmen. In den Geschossen dazwischen findet man Kindermode, Deko und Haushaltwaren.

Ein Stück weiter, in der Nassau Street, bietet **Designyard** 2 eigenwillige, formschöne Skulpturen und Schmuck an, ehe man in die Grafton Street einbiegt.

Einen Tick weniger exklusiv

Grafton Street, das sind alteingesessene Geschäfte oder Boutiquen der internationalen Labels von Laura Ashley bis Vero Moda, Burgerrestaurants und kleine Läden, in denen man bis spät in die Nacht alles bekommt, was der Stadtmensch so braucht: Wasser und Wein, Zahnpasta und Zeitung. Namensgeber der Straße war Vizekönig Charles Fitzroy, der 2. Herzog von Grafton. Verschnörkelte Fassaden aus dem 19. Jh. und bunt lackierte Holzfassaden säumen das Hauptrevier der *buskers*. Marionettenspiel, Pantomime, Jonglieren, Rockballaden auf der Gitarre, klassische Geige, Balalaika und Panflöte – die Troubadoure der Straße haben so ziemlich alles drauf und warten in der Stadt mit der statistisch verbrieften höchsten Straßenmusikerdichte auf ihre Entdeckung.

Alteingesessene Geschäfte

Hinter einer klassischen Fassade aus schwarzem Holz und Glas glitzern in **Weir's** 3 edlen Schauvitrinen Teesilber, Schmuck oder auch sündhaft teurer Kitsch wie Molly-Malone-Figuren aus Bronze. Betuchte Kunden aus den USA kaufen gern in diesem Traditionsgeschäft ein, das man auch wie ein Museum genießen kann.

Das noble Kaufhaus **Brown Thomas** 4, beliebt bei lokalen Glitterati

und reisenden VIPs, ist das Harrods von Dublin. BTs, wie es die Insider nennen, führt auch internationale Designerlabels wie Prada, Louis Vuitton und Hermès, irische Designer wie Paul Costelloe und Louise Kennedy, teure, schicke Herrenbekleidung und so viele Taschen, Schuhe und Accessoires, dass man schon arg in Versuchung kommt.

Ikone im Wandel der Zeiten

Die Grafton Street ist fast immer voll, laut und hektisch, und an einem verkaufsoffenen Sonntagnachmittag kann man nur noch mit der Menge schwimmen. Oder im **Bewley's Oriental Café** 1 entspannen. Das 1927 gegründete Café ist eine Dubliner Institution, deren Schließung vor einigen Jahren Trauer im ganzen Land hervorrief. Doch dann wurde es mitsamt seinem historischen Interieur – verwinkelte Räume, Bistrotische, viel verziertes Holz und Harry Clarkes Buntglasfenster – wiedereröffnet. Neben den Kaffee-Köstlichkeiten stärkt man sich mit Frühstück, Suppen, Salaten, Pizza, Pasta und Kuchen. In **Bewley's Café Theatre** finden abends Kabarettshows oder Jazzkonzerte und, das ist einmalig in Dublin, mittags Theateraufführungen statt.

Edles Einkaufszentrum

Hinter einer 1771 eigentlich schon unmodernen Barockfassade, die auf die South William Street geht, erwartet den Besucher der Treppenaufgang eines fulminanten georgianischen Stadthauses. Robert Mack errichtete es für den Viscount Powerscourt, James McCullagh und Michael Stapleton verzierten es mit feinstem Stuck. 1981 behutsam umgestaltet, lädt heute das **Powerscourt Townhouse Centre** 5 zum Shoppen ein. Auf drei Ebenen um den von Galerien umgebenen Innenhof sind Cafés und Restaurants, Galerien, Juweliere, Antiquitätenhändler und Läden für Kinderspielzeug, Modeschmuck und Fossilien stilvoll untergekommen. Für Fashionistas ist das **Design Centre** im obersten Stock ein Muss. Die Damenbekleidung stammt von namhaften irischen Designern wie John Rocha, ist durchweg ausgefallen und durchweg teuer. **Jig, the Museum of Irish Dance** im Obergeschoss des Einkaufszentrums ist ein kleines Museum zur Geschichte des irischen Tanzes. Hier kann man interessante Tanzvorstellungen besuchen und auch selbst irisch tanzen lernen.

Das neue In-Viertel

Doch die Grafton Street hat im Zuge einer gewissen Internationalisierung und Proletarisierung an Attraktivität verloren. Die eigentliche Musik spielt heute westlich von ihr, in dem Netz von Sträßchen, Gassen und Passagen, das Clarendon, South William und South Great George's Street sowie ihre Querstraßen bilden. Bekleidungs- und Accessoires-Boutiquen, sowohl flippig als auch designermäßig, locken Fashionistas an.

In dem winzigen Eckladen von **Costelloe + Costelloe** 6 funkelt es in allen Farben des Regenbogens von Pailletten, Strass und Seide. Entzückte »Ohs!« geben die Kundinnen von sich, die sich für Täschchen, Schals und Modeschmuck begeistern.

An der Drury Street

Wer *vintage* profan mit ›gebrauchte Sachen‹ übersetzt, wird der frechen, teils auch recht eleganten Second-Hand-Damenbekleidung und dem Schmuck bei **Jenny Vander** 7 nicht annähernd gerecht. **Cherche Midi** 8, das sind Stilettos, somit keine Schuhe zum Gehen. Schon das in Rosa, Schwarz und Gold gehaltene Interieur des kleinen Schuhladens wirkt verführerisch wie die Sünde.

Flohmarkt unter Arkaden

Der **South City Market** 9 in der George's Street Arcade besteht aus zig preiswerten bis billigen Ständen in einer überdachten viktorianischen Ziegelstein-Markthalle. Sie war bei ihrer Er-

Shopping und Entertainment auf der Grafton Street

bauung 1876 das erste zu diesem Zweck erbaute Einkaufszentrum Dublins. Nach einem Feuer 1892 wiederaufgebaut, wurde es von 1992 an in der heutigen Form genutzt. Angeboten werden gebrauchte Bücher und Platten, die Dienste von Tätowierern und Wahrsagern, Second-Hand-Kleider, Massen-Bekleidungsware aus Fernost mit Ethno-Touch oder Feinkost um Olive und Co. Münz- und Briefmarkenläden lassen Sammlerherzen höher schlagen, es werden aber auch Lebensmittel und Dinge des täglichen Berdarfs verkauft – immer eine bunte, gelungene Mischung.

Die Shopping-Koordinaten

Avoca Handweavers [1]: 11–13 Suffolk St., Tel. 01 677 42 15, www.avoca.ie, Mo–Sa 9.30–19, So 11–18 Uhr.

Designyard [2]: 25 South Frederick St., http://designyard.ie, Mo–Mi, Fr 10–17.30, Do 10–20, Sa 10–18 Uhr.

Weir's [3]: 96 Grafton St., Tel. 01 677 96 78, www.weirandsons.ie, Mo–Mi, Fr, Sa 9.30–18, Do 9.30–20 Uhr.

Brown Thomas [4]: 88–95 Grafton St., Tel. 01 605 66 66, www.brownthomas.com, Mo 9.30–19, Mi, Fr 9.30–20, Di 10–20, Do 9.30–21, Sa 9–20, So 11–19 Uhr.

Powerscourt Townhouse Centre [5]: 59 South William St., www.powerscourtcentre.com, Tel. 01 679 41 44, Mo–Fr 10–18, Do bis 20, Sa 9–18, So 12–18 Uhr. **Design Centre,** oberster Stock, www.designcentre.ie, Mo–Fr 10–18, Do bis 20, Sa 10–18 Uhr. **Jig, the Story of Irish Dance:** 2. Stock, Eingang Coppinger Row, Mi–Sa 12–18, Do, Fr 14–18 Uhr, Eintritt 4 €.

Costelloe + Costelloe [6]: 14 A Chatham St., Mo–Sa 10–18, Do bis 20, So 13.30–18 Uhr.

Jenny Vander [7]: 50 Drury St., Mo–Sa 10.30–17.30 Uhr.

Cherche Midi [8]: 23 Drury St., Mo–Sa 10–18, Do bis 20 Uhr.

South City Market [9]: www.georgesstreetarcade.ie, Mo–Mi, Fr, Sa 9–18.30, Do 9–20, So 12–18 Uhr.

Ein Snack zwischendurch

Avoca Handweavers: s. o. Das mehr als gut besuchte Café/Restaurant serviert Kuchen, Pfannkuchen, Suppen, Salate, Quiches, alles frisch zubereitet.

Bewley's Oriental Café [1]: 78 Grafton St., Tel. 01 672 77 20, www.bewleys.com, Mo–Mi 8–22, Do–Sa 8–23, So 9–22 Uhr; Theater: www.bewleyscafetheatre.com

Alfies [2]: 10 South Frederick St., Tel. 01671 87 67, tgl. 12–22, Sa, So bis 23 Uhr, Hauptgericht ca. 17 €. Traumhafte Öffnungszeiten, freundliches Personal und bei schönem Wetter Außengastronomie machen dieses coole Restaurant zu einer guten Wahl zum Ausruhen vom Shoppen. Von Scampi über Thai-Hühnercurry bis um Ziegenkäsesalat sind die üblichen Verdächtigen der Bistroküche recht preiswert zu bekommen.

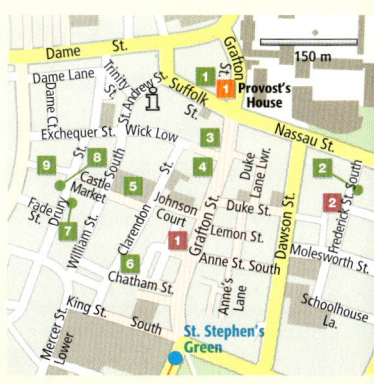

7 | Ein Park im Herzen der Stadt – St. Stephen's Green

Karte: ▶ G 5–6 | **Luas:** Green Line, St. Stephen's Green

Wo würden die Dubliner nur ihren Lunch essen, ihre Zeitung lesen oder sich sonnen, wenn es diese zentrale Grünanlage nicht gäbe? Denkmäler im Park und georgianische Architektur drumherum machen ihn für Besucher doppelt attraktiv.

Wo die Grafton Street in den größten Platz Dublins – und einen der größten Stadtplätze der Welt – mündet, warten *jaunting cars* auf Kunden für Kutschfahrten mit ein bis zwei PS. Der **Fusilier's Arch** 1 von 1899/1900, ein dem Titusbogen in Rom nachempfundenes Denkmal für die im Burenkrieg getöteten Soldaten der Royal Dublin Fusiliers, ist das Eingangsportal zu dieser Erholungsoase inmitten städtischer Hektik.

Ein Park mit Geschichte
Die Gestaltung des typisch englischen Parks mit Blumenrabatten, Rasenflächen, Teich und Pavillons finanzierte Sir Arthur Guinness alias Lord Ardilaun aus eigenen Mitteln und schenkte ihn 1880 der Öffentlichkeit. Als Namensgeber fungierte der hl. Stephan, Schutzpatron des Leprosiums, das hier stand, bis die Dublin Corporation 1664 den Plan zur Bebauung des Areals fasste.

Ein Park voller Denkmäler
Der vielerorts in Dublin tätige Bildhauer Thomas Farrell (1827–1900) hat den Wohltäter **Lord Ardilaun** 2 im Sitzen verewigt, wie er gedankenvoll in Richtung seiner Brauerei schaut. In der Parkmitte gedenkt eine Büste der streitbaren Gräfin **Constance Markievicz** 3 (1868–1927), die im Osteraufstand mitkämpfte und 1918 als erste Frau ins britische Parlament gewählt wurde. Nicht allzu weit davon entfernt steht eine abstrakte, dem Literaten **William Butler Yeats** 4 gewidmete Skulptur von Henry Moore. Eine Büste

von **James Joyce** 5 blickt auf dessen ehemalige Universität Newman House, die heute dem katholischen University College gehört. Josef Wackerles **Parzenbrunnen** 6 von 1956 hinter dem Leeson Street Gate in der Südostecke ist eine Dankesgabe des deutschen Volkes für die humanitäre Hilfe aus Irland nach 1945. Edward Delaneys deprimierendes **Hunger Monument** 7 gemahnt an die Große Hungersnot von 1846/47.

St. Stephen's Green West
Für St. Stephen's Green existierte nie ein einheitlicher Bebauungsplan, und so ergeben die georgianischen und viktorianischen Häuserfronten rund um den Park und die reichlich vorhandenen Bausünden des 20. Jh. einen ziemlich disparaten Gesamteindruck. Einmal drumherum, bei dem mehrspurigen Verkehr ein zweifelhaftes Vergnügen, sind es gute 1600 m.

Das breite Säulengebäude an der alles in allem unschönen Westseite ist das **Royal College of Surgeons** 8 aus dem Jahr 1810 (erweitert wurde es 1825). Seinen medizinischen Zweck reflektieren John Smyths (ca. 1773 bis 1840) Statuen von Athena, Asklepios und Hygeia. Constance Markievicz nahm das Gebäude während des Osteraufstands ein. Eintritt verschaffte sie sich, indem sie das Türschloss mit dem Revolver zerschoss.

St. Stephen's Green South
Newman House 9, die ehemalige katholische, nach ihrem ersten Rektor John Henry Newman (1801–1890) benannte Universität, wirkt wie Pat und Patachon der Südseite. Das kleinere No 85 erbaute Richard Castle 1738, das größere No 86 Robert West 1765. Die Räume gehören zum Elegantesten und Schönsten, was georgianisches Innendesign hervorgebracht hat, so der subtile allegorische Stuckschmuck der Lafranchini-Brüder: Ihre unbekleideten antiken Göttinnen erhielten 1853 allerdings, um das Seelenheil der katholischen Studenten nicht zu gefährden, eine züchtige Bekleidung.

Heiliges und Unheiliges liegt im Newman House dicht beieinander: Richard ›Burnchapel‹ Whaley, in dessen Auftrag No 86 entstand, verfolgte katholische Priester mit ingrimmigem Hass. Sein Sohn, der berüchtigte Roué Thomas ›Buck‹ Whaley, tat für eine Wette einfach alles, z. B. lief er zu Fuß nach Jerusalem und wieder zurück oder sprang aus dem Fenster über Van Nosts Eingangslöwen auf eine Kutsche.

Das **Iveagh House** 10, ursprünglich zwei georgianische Stadthäuser, wurde im 19. Jh. von der Familie Guinness im Stil der Zeit umgestaltet, zu einem Wohnsitz zusammengefasst und 1939 dem Staat geschenkt. Heute ist es Sitz des Außenministeriums.

St. Stephen's Green East
Die Ostseite besitzt die geschlossenste georgianische Bebauung am Platz. Edward Delaneys **Denkmal des Revolutionärs Theobald Wolfe Tone** 11 von 1967 wurde 1989 von der protestantischen Terrorgruppe UVF (Ulster Volunteer Force) in die Luft gejagt. Heute steht es in alter Schönheit an der Nordostecke, umgeben von einem ›Tonehenge‹ genannten Granitplattenwall.

St. Stephen's Green North
Das 1824 von John McCurdy erbaute **Shelbourne Hotel** 12 ist luxuriöse Traditionsherberge und historische Stätte in einem. Bronzene nubische Prinzessinnen vor dem Eingang leuchten den Damen und Herren des Dubliner Bürgertums, die nach strapaziösen Einkäufen in den gediegenen Räumlichkeiten der Lord Mayor's Lounge zu Live-Klaviermusik ihren Tee nehmen (ohne

Klaviermusik: Frühstück, Lunch, Supper, Nachtmenü). 1922 leuchteten sie jenen Patrioten, die im Raum No 112, aus Pietätsgründen bis heute unverändert, die Verfassung des Irischen Freistaats ausarbeiteten. Seiner politischen Berufung ist das Shelbourne treu geblieben, und so heißt es, dass man abends in der **Horseshoe Bar** alles antrifft, was in der irischen Administration Rang und Namen hat. Der Raum mit der zentralen, ovalen Bar unter roter Decke ist einer der vornehmsten Orte, um sein abendliches Pint zu trinken.

Die Stadthäuser der Clubs und Gesellschaften zwischen Dawson und Grafton Street wie die Hausnummern 8, 9, 17 und 22 sind teils efeubewachsene georgianische Schönheiten – ein gutes Revier für ›Plaster Spotting‹ (›Stuck gucken‹): die Jagd auf einen Blick auf kunstvolle Stuckdecken und pastellfarbene Interieurs nach Einbruch der Dämmerung.

Öffnungszeiten

Park: Mo–Sa ab 7.30, So ab 9.30 bis zur Dämmerung.
Newman House 9 : 85/86 St. Stephen's Green South, Tel. 01 477 98 10, Juni–Aug. Di–Fr Führungen 14, 15, 16 Uhr, Eintritt 5 €.

Shopping-Stopp

Stephen's Green Shopping Centre 1 : St. Stephen's Green West, www.stephensgreen.com, Mo–Mi, Fr, Sa 9–19, Do bis 21, So 11–18 Uhr. Drei Etagen mit Geschäften befinden sich in dem Einkaufszentrum aus weiß gestrichenem, pseudo-viktorianischem Eisenguss und Glas.

Im Shelbourne Hotel

The Shelbourne 12 : 27 St. Stephen's Green North, Tel. 01 663 45 00, www.marriott.co.uk, DZ ab 210 €.
Lord Mayor's Lounge: tgl. 7–13 Uhr.
Horseshoe Bar: Mo–Do 10.30–23.30, Fr, Sa 10.30–0.30, So 12.30–23 Uhr.

Restaurant im Basement

Peploe's 1 : 16 St. Stephen's Green, Tel. 01 676 31 44, www.peploes.com, Mo–Sa 12–23, So bis 20 Uhr, Hauptgericht ab 28 €. Stilvoll mit weißen Tischdecken, Lederbänken, Wandfresken und Weinregalen, die Weinbar serviert französische Klassiker wie Zwiebelsuppe und Hirschsteak.

Karte: ▶ G–H 5–6 | **DART:** Pearse Station

Dublins Goldenes Zeitalter lag in den Jahren von 1714 bis 1820. Georgianisch heißt diese Epoche nach vier sukzessiven Georgs auf dem britischen Thron. Großzügige Plätze, breite Straßenzüge, elegantes Understatement an Reihenhäusern, die eigentlich Paläste sind – wie gemacht zum Durchspazieren.

Im Innern eine ansehnliche Grünanlage, immerhin gut halb so groß wie St. Stephen's Green, außen umschlossen von Backstein-Hausfluchten wie Klippen, ist der Merrion Square der großartigste und am besten erhaltene der georgianischen Plätze Dublins. Der 6. Viscount Fitzwilliam of Merrion ließ ihn durch John Ensor (gest. 1787), einen Assistenten Richard Castles, von 1762 an anlegen.

Diskreter Charme des 18. Jh.

In den Stadthäusern konnte der Adel standesgemäß seinen gesellschaftlichen Verpflichtungen nachkommen und ein großes Haus führen.

Im Sommer lebte der Adel auf seinen Landsitzen, doch den Winter verbrachte er in der Stadt. Anwesenheit während dieser gesellschaftlichen Saison war schon deshalb Pflicht, weil man schließlich seine Töchter standesgemäß verheiraten musste.

Paläste als Reihenhäuser, *terraced houses* – klassischer kann Understatement kaum ausfallen. Von außen wirken die meist vierstöckigen Backsteinhäuser einheitlich, ja fast monoton, als versuchten sie, die Exklusivität hinter den hohen, sprossenunterteilten Fenstern zu kaschieren. Die feinen Unterschiede offenbaren sich erst auf den

Die Dubliner schätzen Oscar Wilde – auch wenn sie sein Denkmal gerne schon mal als ›Fag on the Crag‹ bezeichnen

zweiten Blick an Geländern, Fußabtretern und vor allem den kunstvoll verzierten, fächerförmigen Oberlichtern über den Türen.

Die grandiosen Tempelfronten der öffentlichen Gebäude sind an den Privatresidenzen auf zwei zierliche Säulchen links und rechts der Eingangstür, verspielte ionische Kapitelle und einen Architrav geschrumpft. Durch solche Kleinigkeiten konnte man in einer Zeit, deren Lebensgefühl (und Bauvorschriften) Uniformität und Anpassung bestimmten, ein wenig Individualität beweisen. Sämtliche dezente Schmuckformen bestanden im 18. Jh. aus Eisen – jeglicher Messingschnickschnack, auch die berühmten Türklopfer, kamen erst im 19. Jh. hinzu.

Eine interessante Jugend

Hinter den bunt lackierten ›Dublin Doors‹ lebten viele berühmte Leute: Daniel O'Connell in No 58, William Butler Yeats in No 84 und Sheridan Le Fanu, Schöpfer der Blutsaugerin Carmilla, in No 70. **Oscar Wilde** verbrachte seine Kindheit und Jugend in **No 1** **1**. Das 1762 errichtete georgianische Eckhaus mit dem weißen Wintergarten wurde 1994 vom American College erworben und stilecht renoviert, ist aber heute nicht mehr zu besichtigen.

Oscar Wilde Monument **2**: Im Park, in Sichtkontakt mit No 1, lümmelt sich der verdenkmalte Oscar auf einem Felsen, umgeben von seinen eigenen Bonmots. Die spitze Dubliner Zunge taufte das Werk des irischen Bildhauers Danny Osborne von 1997 ›The Fag on the Crag‹: ›Der Schwule auf dem Fels‹.

Plaster Spotting

Wo früher die Stadtaristokratie residierte, haben sich heute Anwaltskanzleien, Steuerberater und IT-Firmen eingemietet. ›Plaster Spotting‹, sprich ›Stuck gucken‹, ist eine beliebte Freizeitbeschäftigung, der man am besten in der Dämmerung frönt, wenn innen die Lichter angehen. Weiß heben sich die verspielten klassizistischen Stucksymphonien von den in vielfältigen Pastelltönen gestrichenen Salons ab. Der Innendesigner der Wahl für alle, die es sich leisten konnten, war der Stukkateur Michael Stapleton, der 1770–1801 in Dublin arbeitete. Er wurde zum Hauptrepräsentanten des von den schottischen Gebrüdern Adams kreierten ›verfeinerten Stils‹ und schmückte die Salons mit zierlichen Girlanden, Kameen, mythologischen Gestalten und geometrischen Ornamenten.

Im Hinterhof der Feudalwelt

Eine prächtige Vista ergibt sich von der Südseite des Merrion Square über die Upper Mount Street zur **St. Stephen's Church** 3 . Wegen ihres markanten Turms heißt sie ›Pepper Canister‹, ›Pfefferstreuer‹. Als letzte der georgianischen Kirchen der Church of Ireland 1824 von John Bowden gebaut, greift sie auf Athener Bauwerke der klassischen Antike zurück.

Wenn man von der ›Kircheninsel‹ rechts in die kleine Herbert Lane einbiegt, betritt man den Hinterhof der georgianischen Feudalwelt, den Bereich der Dienstboten, Handwerker und Stallungen. Die Häuschen strahlen auch heute noch eine ärmlichere Atmosphäre aus als die herrschaftlichen Fassaden an den Plätzen.

Bleipaste für Pockennarben

Number 29 4 – wie oft im georgianischen Dublin nennt sich dieses Museum in schönster Tiefstapelei nach der Hausnummer. So wie hier historisch akkurat und spannend rekonstruiert, könnte das Alltagsleben in der Zeit von etwa 1790 bis 1820 ausgesehen haben, als Mrs. Olivia Beatty, Witwe eines wohlhabenden Weinhändlers, sich in diesem Haus von emsigen Dienstboten umsorgen ließ.

Ein schönes Leben? Selbst die oberen Zehntausend hatten oft von Pockennarben entstellte Gesichter, deren Krater man mit bleihaltigem Puder auffüllte. Wenn es schmolz und das Schwermetall in die Haut einzog, drohten Migräne und Schlimmeres. So waren die Kaminschirme in jener Zeit keine Deko, sondern eine Frage des Überlebens. Außerdem waren selbst die Angehörigen der Oberschicht recht klein, was nicht eben für die Güte ihrer Ernährung spricht. Männerschuhe Größe 39 waren die Regel.

Öffnungszeiten

Number 29 4 : 29 Fitzwilliam St., Di–Sa 10–17 Uhr, www.esb.ie/main/about-esb/numbertwenty nine/default.htm; Erw. 6 €, Kinder unter 16 Jahren frei. Ein Souvenirshop und ein netter Tea Room vermitteln noch mehr georgianische Atmosphäre.

Baggot Street Pubs

An der weitgehend noch georgianisch bebauten Baggot Street laden einige authentische viktorianische Pubs zum gepflegten Biertrinken ein. Im schummrigen, behutsam renovierten **Toner's** 1 (139 Lower Baggot St., Mo–Mi 10.30–23.30, Do–Sa 10.30–0.30, So 12.30–23 Uhr) deuten Schubladen und Regale darauf hin, dass der Pub wie viele andere einmal ein Lebensmittelladen war.
Doheny and Nesbitt's 2 (5 Lower Baggot St., Mo–Do 10.30–23.30, Fr, Sa 10.30–0.30, So 12.30–23 Uhr) ist seit 1850 mit seinen Holzschnitzereien, Spiegeln und *snugs* unverändert. Juristen, Beamte und Journalisten palavern hier an Wochenenden nur zu gern, wochentags bleibt es relativ ruhig.

The Irish Republic · guarantees · religious and civil liberty

9 | Kunst und Kneipen – das Temple-Bar-Viertel

Karte: ▶ F–G 5 bzw. Karte 3 | **Luas:** Red Line, Jervis

Das Temple-Bar-Viertel, fünf vor zwölf vor dem Abriss gerettet, zeigt heute ein janusköpfiges Gesicht. Tagsüber ziehen Kulturinstitutionen wie das Filmarchiv, Künstlergalerien und das Kinderkulturzentrum die Menschen an, abends lange Theken. Entscheiden Sie selbst, wann Sie herkommen möchten.

Aus geschnitzten und farbenfroh gestrichenen Pubfassaden dringt Musik. Renovierte Backsteinhäuser, teils noch aus georgianischer Zeit, säumen die kopfsteingepflasterten Gassen.

Coole Restaurantbesucher schauen aus lichten Glasfronten auf die Shopper und Jugendgruppen draußen, Mädchen mit Reklameschildern locken Gäste lauthals in Pubs und Restaurants, Jugendgruppen ziehen umher: voilà, Temple Bar, Dublins Quartier Latin.

Saniert!

So lebhaft ging es hier nicht immer zu. Das Schicksal des überschaubaren Areals zwischen Dame Street und Liffey, Fishamble Street und Anglesea Street war durchaus wechselhaft: im 19. Jh. ein Handwerkerviertel, dann ein Slum, der quasi zum Abriss freigegeben war, in den 1970er- und 1980er-Jahren ein alternativer Kiez, der 1991 schließlich per Parlamentsgesetz mit viel Geld saniert wurde. Der anarchische Charme von früher ist längst perdu – heute wird Temple Bar als Dublins Kulturviertel vermarktet. Tagsüber gibt Temple Bar sich kulturell, aber abends verwandelt es sich in die ›längste Theke Irlands‹.

Fotos und Farmhaus-Käse

Am **Meeting House Square,** von den Städteplanern der Group 91 Architects als zentrale Begegnungsstätte angelegt, schlägt das kulturelle Herz von Temple Bar. 2011 wurde er mit futuristischen Zeltschirmen überdacht, keine schlechte Idee im regnerischen Irland. Hier kann man kostenlos die Fotografie-Ausstellungen der 1978 gegründeten **Gallery of Photography** 1 besuchen oder in ihrem Buchladen stöbern, der eine exzellente Auswahl zur Fotokunst bietet. Auf der Riesenleinwand an der östlichen Platzseite laufen im Sommer kostenlos Filme.

Wenn es nach irischem Farmhaus-Käse und Knoblauch-Oliven, nach frisch gebackenem Brown Bread und starkem Espresso duftet, dann ist Samstag, der Tag des **Temple Bar Food Market** auf dem Meeting House Square. Das Credo der kleinen, meist nach biologischen Leitlinien arbeitenden Produzenten heißt Frische und Qualität.

Kulturelle Spielwiesen

Kreative Kinder (und ihre Eltern) finden im Kindertheater **The Ark** 2 eine Spielwiese, auf der sie sich auf vielfältige Weise austoben können. Malen, Schauspielen, Singen, Musizieren – alles hier ist für Kids und von Kids.

Ebenfalls in der Eustace Street liegt das Programmkino des **Irish Film Archive & Institute** 3 im umgebauten Quäker-Versammlungshaus aus dem 17. Jh. Der Buchladen führt eine große Auswahl an Fachliteratur, im IFI-Café treffen sich Cineasten; außerdem isst man hier auch recht anständig und preiswert.

Heimstatt für Künstler, Kunst für Käufer

In der **Button Factory** 1 spielt jeden Abend eine andere Musik: Die Palette reicht von wildem Metal und Rock bis zu DJ-Abenden. Die ›Knopffabrik‹ war einmal das ziemlich raue Temple Bar Music Centre, das nun mit verbessertem Ton- und Lichtsystem und trendigen DJ-Abenden wiederauferstanden ist.

In der **Temple Bar Gallery & Studios** 4 kosten die Öl- oder Multimedia-Werke etwas mehr. In den wechselnden Ausstellungen im Erdgeschoss werden in Dublin arbeitende Künstler vorgestellt. Einige von ihnen haben ihre Ateliers in dem umgebauten Lagerhaus, wo man sie besuchen und/oder ihre Werke kaufen kann.

Übrigens: Bei Briten hat Dublin den Ruf einer Welthauptstadt der *Stag and Hen Parties* (Parties der Hirsche und Hennen), wie das letzte feucht-fröhliche Junggesellenwochenende eines Bräutigams bzw. einer Braut vor der Hochzeit genannt wird. Viele Pubs lassen diese notorischen Sturztrinker-Gesellschaften jedoch nicht mehr zu. Doch auch Nicht-Briten – vorwiegend sehr junge – trinken hier oft einen über den Durst: Nachts wird es, wie viele Dubliner klagen, ganz schön *rowdy*. Wer keine Lust auf Ballermann im Regen hat, kommt tagsüber und genießt den Abend in ausgewählten Restaurants und Kneipen. Die Trendsetter der Dubliner Szene haben sich längst für Clubs und Bars in anderen Vierteln entschieden – zu voll, zu gewöhnlich, ist es ihnen in Temple Bar.

Hatten Sie schon immer den Drang, mal öffentlich eine Rede zu halten? Frei nach dem Londoner Vorbild Speakers' Corner kann das sonntags von 14 bis 18 Uhr jeder am **Speakers Square** alias Temple Bar Square tun, der zweiten von Temple Bars neu angelegten Plazas. Temple Bar Square ist mit dem antiquarischen Buchmarkt Samstag und Sonntag und dem Speakers' Corner der zweite Mittelpunkt des Viertels.

Infos
Temple Bar Information Centre 5: 12 East Essex St., Tel. 01 677 22 55, www.templebar.ie, Mo–Fr 9–19, Sa 10–18, So 12–18, im Winter Mo–Fr 9–17.30, Sa 10–18, So 12–14 Uhr.

Öffnungszeiten
Gallery of Photography 1: Meeting House Square, Tel. 01 671 46 54, www.galleryofphotography.ie, Di–Sa 11–18, So 13–18 Uhr.
The Ark 2: 11A Eustace St., Tel. 01 670 77 88, www.ark.ie, Mo–Fr 10–17 Uhr und 1 Std. vor Veranstaltungen.
Irish Film Archive & Institute (IFI) 3: 6 Eustace St., Karten-Tel. 01 679 34 77, www.ifi.ie. Bar & Restaurant: Nachos, Chicken Wings oder Salmon Fishcake kosten nicht die Welt.
Temple Bar Gallery & Studios 4: 5–9 Temple Bar, Tel. 01 671 00 73, www.templebargallery.com, Di–Sa 11–18 Uhr.
Button Factory 1: Curved St., Tel. 01 670 91 05, aktuelles Programm und Uhrzeiten unter ww2.button factory.ie.

Guter Pub
Oliver St. John Gogarty 2: Ecke Fleet/Anglesea St., Tel. 01 671 18 22, www.gogartys.ie, Mo–Sa 10.30–2.30, So 12–1.30 Uhr; Livemusik Mo–Sa 14.30–2.30, So 12–1.30 Uhr. Mit Steinfußboden, Mehlmühle, Holzbalken, alten Reklameschildern, der Bar aus dem ehemaligen Theatre Royal und jeder Menge recyceltem Kiefernholz kommt der Pub ziemlich im Shabby Chic daher. Jeden Abend erklingt irische Folkmusik.

Gut essen
Chameleon 1: 1 Lower Fownes St., Tel. 01 671 03 62, Di–So 17 Uhr bis spät, Reistafel ab 20 €. Köstliche indonesische Reistafeln sind der Renner in diesem Klassiker internationaler Küche. Es gibt sie von vier bis zu zehn verschiedenen Gerichten. Die Flower-Power-Atmosphäre mit exotischen Stoffen und Tankas scheint einen in die wilden Jahre von Temple Bar und Hippie-Zeit zu versetzen. Im ersten Stock sitzt man auf niedrigen Kissen.
Monty's of Kathmandu 2: Preisgekröntes Ethno-Restaurant mit authentisch nepalesischer Küche. Die Gewürzmischungen werden täglich frisch von dem aus Nepal stammenden Personal zubereitet. Selbst John Travolta und Bono ließen sich schon von den würzigen Fleischgerichten ›befeuern‹.

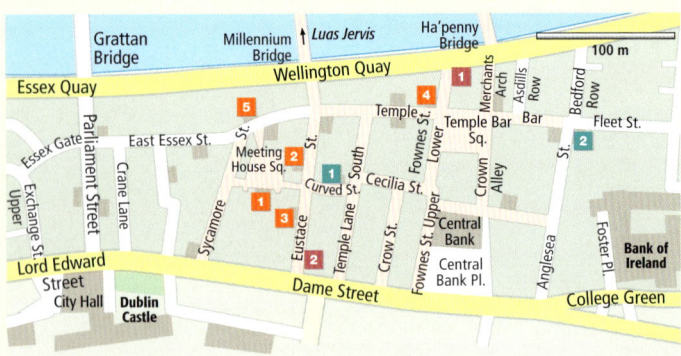

Karte: ▶ F 5 | **Bus:** 49, 56A, 77, 77A, 123

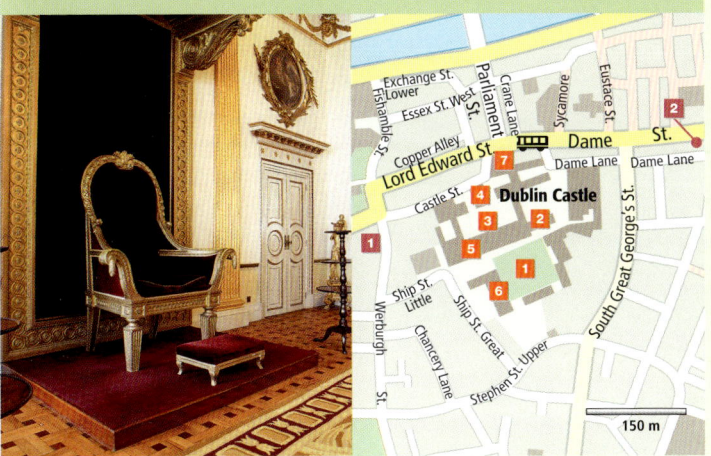

Hier fing alles an. Kelten siedelten am Dubh Linn, dem ›schwarzen Teich‹, dann die Wikinger. Danach die Engländer. Als Besatzer errichteten sie Dublin Castle. Heute werden hier die irischen Präsidenten installiert. Die Chester Beatty Library konstituiert einen globalen Kulturrahmen, während die City Hall vor Ort bleibt und Dublin verwaltet.

Dublin Castle, ungeliebtes Bollwerk der englischen Macht, wurde von 1204 an auf Befehl König Johann Ohnelands errichtet. Die mageren Reste der mittelalterlichen Burg präsentieren sich am besten vom hübschen Garten mit dem ›schwarzen Teich‹ – dem namengebenden **Dubh Linn** ◼1. Von hier hat man die ganze schreiend bunt gestrichene Südfront im Blick: den Record Tower, einst der zentrale Donjon der Burg, neben der Kapelle sowie die unteren Partien des Bermingham und des Powder Tower. Die lichtdurchflutete **Chapel Royal** ◼2 im Neo-Perpendicular-Stil lohnt wegen des stalaktitenähnlichen Stucks und der geschnitzten Eichenempore einen Besuch.

Das georgianische Schloss

Im **Großen Innenhof** ◼3 ist man umgeben von der eleganten Pracht von Dublin Castle, das eigentlich gar keine Burg mehr ist. Von etwa 1700 an wurde die standesgemäße Residenz des Vizekönigs errichtet. An der Stirnseite erhebt sich die türmchengekrönte Castle Hall von 1750, auf deren Empore bei Paraden eine Militärkapelle aufspielte. 1907 wurden aus diesem auch **Bed-**

Aus dem Bedford Tower des Dublin Castle wurden am Anfang des 20. Jh. die irischen Kronjuwelen gestohlen

ford Tower **4** genannten Gebäude die irischen Kronjuwelen gestohlen; man hat sie nie wiedergefunden. Die Waage der Justitia-Statue auf dem rechten der beiden flankierenden Tore neigte sich bei Regen stets zu einer Seite (da eine der Schalen vom Arm geschützt wird), bis auf hochvizeköniglichen Befehl hin Löcher für den Ablauf des Wassers sorgten. Die Dubliner hörten dennoch nicht auf, bissige Spottreden auf die parteiische britische Gerechtigkeit zu führen. Kein Wunder. Schließlich wendet die Dame der Stadt den Rücken zu. Durch das andere, von einer Statue der Tapferkeit bekrönte Tor blickt man auf das moderne Konferenzzentrum, zu dem ein Flügel der Anlage ausgebaut wurde.

Die Staatsgemächer **5**

In den **State Apartments** im Südflügel fanden einst rauschende Ballnächte statt. Heute geht es bei den EU-Sitzungen unter irischer Präsidentschaft, bei Staatsbesuchen und den Amtseinführungen der irischen Präsidenten gesetz-

ter zu. Die dickflorigen Killybegs-Teppiche schlucken fast alle Geräusche. Funkelnde Lüster, offiziöse Gemälde, verschwenderisch vergoldete Stuckgirlanden, weiße Säulen und geschwungene Rokokomöbel versetzen einen in vergangene Zeiten. Besonders bemerkenswert sind der **Throne Room** mit dem entsprechenden vizeköniglichen Sitzmöbel und die **St. Patrick's Hall** mit den Bannern der Ritter des 1783 gegründeten St.-Patrick-Ordens. Die in Irland einzigartige, bemalte Decke von 1789 zeigt Patricks Keltenmission, Henry II. beim gepflegten Erobern und George III. beim gerechten Regieren Irlands.

1922 war Schluss damit (s. S. 15). Ein paar abgerissene junge Männer, angeführt von Michael Collins, entstiegen zwei Taxis und nahmen vom traumwandlerisch agierenden letzten Vizekönig, Lord Fitzalan, die Schlüssel entgegen. Als dieser sich beschwerte, dass Collins ihn sieben Minuten habe warten lassen, meinte dieser, die Engländer hätten die Iren schließlich 700 Jahre warten lassen.

Die grandiose Welt der Bücher und der Religionen

Das gelungen modernisierte, georgianische Clock-Tower-Gebäude beherbergt die **Chester Beatty Library** 6 . Sie geht auf die wahrhaft einzigartige Sammlung des Philanthropen und Bergbaumagnaten Sir Alfred Chester Beatty (1875–1968) zurück. Im ersten Stock wird die Geschichte des Buchs und des Drucks anhand von mittelalterlichen Stundenbüchern, Inkunabeln, Dürer-Stichen, indonesischen Batak-Büchern aus Baumrinde und den absolut seltenen Jadebüchern der chinesischen Kaiser illustriert. Im zweiten Stock liegt der Fokus auf den Weltreligionen, in die eine exzellente Einführung geboten wird. Ausgestellt sind sensationelle frühchristliche Papyri aus dem 2./3. Jh., üppig ornamentierte Koran (Qu'ran)-Abschriften, tibetische Tankas, indische Malereien u. v. m. Der Dachgarten und die edlen Gartenanlagen drumherum laden zum Meditieren ein. Der reizende Museumsladen führt neben Literatur zu fernöstlicher Kunst auch Lackschälchen, Kalligrafiesets u. ä.

Tempel des Bürgerstolzes

Hoch ragt die majestätische Tempelfassade der **City Hall** 7 über der Parliament Street empor. Das heutige Rathaus, eins der Glanzstücke des georgianischen Dublin, wurde vom Londoner Architekten Thomas Cooley 1769 als königliche Börse errichtet. Charles Thorp, der später Bürgermeister wurde, stattete sie mit exquisitem Stuckschmuck aus. Sein Meisterstück ist die gewaltige Kassettendecke in der hohen Kuppel der Eingangsrotunde. Gemälde zur Stadtgeschichte, Statuen verdienter Politiker und der Fußboden mit dem Stadtwappen vervollständigen diese klassizistische Weihestätte Dubliner Bürgerstolzes. Hier fanden auch die Beerdigungsfeiern für die Patrioten Charles Stewart Parnell und Michael Collins statt. Ein elegant gestaltetes **Interpretative Centre** zeichnet die Geschichte Dublins nach.

Öffnungszeiten

Dublin Castle: Dame St., www.dublincastle.ie, nur mit Führung Mo–Sa 10–16.45, So 12–16.45 Uhr, bei Staatsfeiern geschl., Erw. 4,50 €, Kinder 2 €. **Chester Beatty Library:** Dublin Castle, Tel. 01 407 07 50, www.cbl.ie, Mai–Sept. Mo–Fr, Okt.–April Di–Fr 10–17, ganzjährig Sa 11–17, So 13–17 Uhr, Eintritt frei. Führungen Mi 13, So 15 und 16 Uhr. Das Silk Road Café bietet Spezialitäten von Afghanistan bis Griechenland. **City Hall:** Dame St., www.dublincity.ie, Mo–Sa 10–17.15 Uhr, Erw. 4 €, Kinder 1,50 €.

Für den Hunger zwischendurch

Leo Burdock's 1 : 2 Werburgh St., www.leoburdocks.com, Mo–Sa 12–24, So 16–24 Uhr, Fish'n Chips 6 €. Dublins In-Pommesbude huldigt der Tradition: grüne Holzfront, Stuckrosette an der Decke, dicke Fische in Glaskästen und natürlich in Papier gewickelter Bratfisch in mehreren Sorten mit Pommes. »No vinegar, please!« – sonst bekommt man unweigerlich Essig auf die Fritten. **Millstone Restaurant** 2 : 39, Dame St., Tel. 01 679 99 31, Mo–Fr 11.30–23, Sa, So 11.30–23.30 Uhr, 3-Gang-Menü 24,95 €. Die Location in einem Haus des 19. Jh. mit Säulenfassade, alter Treppe, Kamin, dunklen Holzstühlen und -tischen ist überaus ansprechend. Tapas, Steaks, Mönchsfisch, Chorizo und besonders das irische Menü mit Irish Stew oder Lachs bieten ein gutes Preis-Leistungs-Verhältnis.

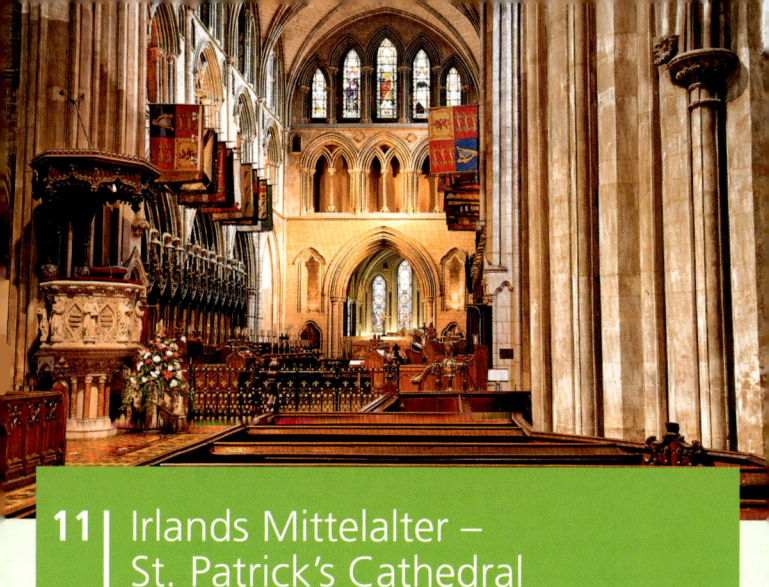

Karte: ▶ F 5 | **Bus:** 49, 50, 54A, 56A, 77A, 150, 151

Die gotische Erzbischofskirche hat einen illustren Patron, Irlands Nationalheiligen. Wer hier begraben liegt, hat für Kultur und Geschichte der Nation Bedeutendes geleistet. Ein Kleinod auf dem Gelände ist Irlands älteste Bibliothek, die Marsh's Library.

Im **St. Patrick's Park** sprudelte die vom Heiligen um das Jahr 450 aus der Erde hervorgelockte, heute leider versiegte Quelle. Nur ihr frühchristlicher Deckstein blieb erhalten und befindet sich nun in der Kathedrale. Vom gern besuchten, von der Brauereifamilie Guinness gestifteten Park hat man einen schönen Blick auf die mächtigen grauen, im 19. Jh. stark restaurierten Steinmassen der anglikanischen **St. Patrick's Cathedral 1**.

Irlands größte Kirche
Seit Patricks Zeiten wird hier ein hölzernes Gotteshaus gestanden haben. Erz-
bischof John Comyn ließ im Jahr 1191 eine dreischiffige, kreuzförmige Basilika bauen. Im 13. Jh. wurde die Kirche im Stil der englischen Frühgotik zum größten Gotteshaus Irlands umgestaltet. 1370 fügte Erzbischof Minot den 37 m hohen Turm hinzu.

Irlands Pantheon
Die Vielzahl von Epitaphen und Grabmälern lassen Besucher ebenso wie die Tatsache, dass man Eintritt bezahlen muss, eher an einen musealen Ort als an eine Kirche denken. An den letzten keltischen Barden Turlough O'Carolan erinnert eine Gedenktafel, desgleichen an Douglas Hyde, den ersten, und Erskine Childers, den vierten irischen Präsidenten. Besonders bemerkenswert ist die **Liegeeffigie Erzbischofs Saundfords** aus dem 13. Jh. Das in seiner Staffelung und Schichtung eher kurios wirkende **Boyle Monument** stammt von 1630.

Irlands erster Dichter

Zumindest derjenige, der als erster öffentlich so genannt wurde, ist der Engländer **Jonathan Swift** (1667–1745), der lange Zeit Dekan der Patrickskathedrale war. Er verfasste nicht nur eins der meistgelesenen Bücher der abendländischen Literatur, den utopischen Roman »Gullivers Reisen«. Die Liebe der Iren erlangte er durch den satirischen Essay »Aufgedeckte Fälschung oder der Irische Patriot«, in dem er die Ausbeutung Irlands durch die Engländer geißelte. Swift und seine geliebte Stella liegen hier begraben, seine Totenmaske, Bücher und Kanzel sind im nördlichen Querschiff zu besichtigen.

Irlands Mäzen

Wer nicht puristisch auf ›echtem‹ Mittelalter besteht, wird an den bunten Glasfenstern der Kathedrale, dem Chorgestühl mit den Bannern der St.-Patrick's-Ritter und dem Kachelboden seine Freude haben. Der Financier dieser historistischen Instandsetzung und Neudeutung, Sir Benjamin Guinness, sitzt, von John Henry Foley in Bronze gegossen, auf dem Rasen südlich vor der Kathedrale.

Irlands erste Bibliothek

Erzbischof Narcissus Marsh ließ 1701 die erste öffentliche Bibliothek Irlands

Übrigens: Der langen Dominanz durch England zufolge besitzt das katholische Dublin nur eine und dann auch noch eine provisorische katholische (s. S. 33), aber zwei protestantische Kathedralen, Christ Church (Diözesansitz für Dublin und Glendalough) und St. Patrick (Diözesansitz für das restliche Irland).

errichten: **Marsh's Library** 2. Der nahezu unveränderte, wunderbar stille Hort der Gelehrsamkeit besitzt 25 000 thematisch breit gefächerte Bücher aus dem 16.–18. Jh. und 300 Handschriften. In den beiden Galerien reiht sich ein Kompartiment an das andere, ausgestattet mit dunklen Eichenholzregalen bis unter die Decke sowie Leiter, Bank und Tisch.

Misstrauisch hütete der Stifter diese seine Schätze, die im wahrsten Sinne des Wortes an die Kette gelegt wurden. Besonders kostbare Folianten durften nur in den drei abschließbaren ›Käfigen‹ eingesehen werden, deren weiße Stuckornamente die vergoldete Mitra Marshs krönt. Swift schätzte seinen Dienstherrn rein gar nicht und ätzte, sein Tod stimme niemanden glücklich oder traurig mit Ausnahme seines Nachfolgers.

Öffnungszeiten

St. Patrick's Cathedral: St. Patrick's Close, www.stpatrickscathedral.ie, März–Okt. Mo–Fr 9–17, Sa 9–18, So 9–10.30, 12.30–14.30, 16.30–18 Uhr, Nov.–Febr. Mo–Sa 9–17, So 9–10.30, 12.30–14.30 Uhr, Eintritt 5,50 €.
Marsh's Library: St. Patrick's Close, Tel. 01 454 35 11, www.marshlibrary.ie, Mo, Mi–Fr 9.30–17, Sa 10–17 Uhr, Erw. 3 €, Kinder frei.

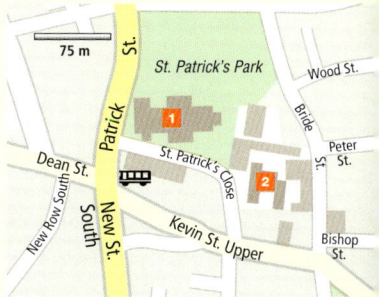

12 | Werbung nicht zu knapp – im Guinness Storehouse

Karte: ▶ E 5 | **Luas:** Red Line, James's

Die Guinness Brewery, eine regelrechte Brauerei-Stadt, liegt zwar in Dublins Westen, ist olfaktorisch aber im gesamten Stadtgebiet präsent. Inmitten der viktorianischen Backsteinmauern bietet das Firmenmuseum eine atemberaubende Show. Guinness ist ein Bier mit Geschichte – 2009 feierte es seinen 250. Geburtstag.

Wie in Dublin nicht anders möglich, hat James Joyce auch etwas zu dem »schäumenden, ebenholzschwarzen Bier« und seinen Produzenten, den »Herren des Fasses«, geschrieben. Auch weniger Schmeichelhaftes, was, schamvoll paraphrasiert, von wasserleichen-ähnlichen Ratten im Porter handelt. Unvorstellbar, aber eben Joyce. Dabei steht fest, dass die 4 Mio. täglich am St. James' Gate produzierten Pints heute in Edelstahltanks und Aluminiumfässern unter Ausschluss der lokalen Fauna produziert werden.

Kolossales Gebäude in Glasform

Das **Guinness Storehouse** **1** ist eine von Irlands beliebtesten Touristenattraktionen. Interaktiv, multimedial, hypermodern – das Erlebnis erstreckt sich auf sieben Ebenen um eine glasummantelte Rolltreppenflucht, die, ja, einem Guinness-Glas nachempfunden ist. Die zeitgenössische Konstruktion bezieht die dicken Eisenträger und das Gerüst der ehemaligen Fermentierfabrik ein. Mit Geräuschen, Filmen und alten Maschinen, die wie Kunstwerke präsentiert werden, wird der Brauprozess anschaulich gemacht.

Und wie geht das?

Zunächst wird Gerste gemälzt, also mit Wasser übergossen, zum Keimen gebracht und dann wieder getrocknet. In

dieses Malz gibt man ein wenig unge-
malzene, geröstete Gerste, wodurch der
Trunk seine dunkle Farbe erhält. Das
Malz wandert nun ins Brauhaus, wo es
zunächst gemahlen und anschließend
in große Behälter, die *kieves,* gefüllt und
mit heißem Wasser aufgemischt wird.
Aus dieser breiigen Maische filtert man
die Flüssigkeit, die Würze, heraus, die
mit Hopfen versetzt und einige Stunden
gekocht wird, wobei der Hopfen dem
Gemisch seinen angenehm bitteren Ge-
schmack verleiht.

Erst zu der nach diesem komplizier-
ten Prozess abgeschöpften Flüssigkeit
wird die Hefe zugegeben, um die Gä-
rung einzuleiten. Die Hefebakterien
wandeln den Zucker in Alkohol um, wovon das irische Guinness vier Prozent,
das in Lagos in Nigeria, der weltweit
größten Guinness-Brauerei, produzierte
jedoch doppelt so viel hat.

Werbung – gnadenlos und begnadet

Kinder sind entzückt von den Miniloks
im Firmenmuseum, dem Wasserfall im
Erdgeschoss und den putzigen Seehun-
den, die Guinness-Gläser auf ihrer Nase balancieren: Alles greifbare Beweise
für die exzellenten Werbekampagnen,
die die Firma seit ihrer Gründung durch
Arthur Guinness im Jahr 1759 immer
wieder lancierte. Im Endeffekt haben sie
die Brand Irland und die Brand Guinness zu siamesischen Zwillingen ver-
schmolzen, die in der PR nicht voneinander lassen können. Keine Geringere
als Krimilady Dorothy L. Sayers dichtete
den Superslogan »Guinness is good for
you.« Und was tun die Menschen sich
nicht weltweit an, um im »Guinness-
Buch der Rekorde« aufzutauchen? Wo-
chenlanges Pfahlhocken, stundenlan-
ges Unterwasserküssen. Und bei jedem
aberwitzigen Rekord wird »Guinness«
gesagt.

Tue Gutes und sprich darüber: Nach
diesem Grundsatz wurde die Guinness-
Dynastie zum Mäzen der Stadt. So ging
u. a. die Restaurierung der St. Patrick's
Cathedral und von St. Stephen's Green
auf ihr Konto.

Hoch oben

Ein gläserner Aufzug, der einen Mo-
ment die Schwerkraft aufzuheben
scheint, saust in die rundum verglaste
Gravity Bar auf dem Dach – das englische Wort spielt mit seiner Doppel-
bedeutung von ›Schwerkraft‹ und
›Stammwürzgehalt‹. Sanft eingelullt
vom cremig-süffigen Starkbier, das mitt-
lerweile unter dem Dach des Getränke-
konzerns Diageo produziert wird, freut
man sich an einem der besten Blicke
über Dublin, die es gibt. Das Pint ist übrigens kostenlos. Alles andere wäre bei
dem horrenden Eintrittspreis aber auch
eine Unverschämtheit.

Die Koordinaten

Guinness Storehouse: St. James's
Gate, Tel. 01 408 48 00, www.guin
ness-storehouse.com, tgl. 9.30–17, Ju-
li/Aug. bis 19 Uhr, Erw. 16,20 €, Kinder
(6–12 Jahre) 6,50 €, bei Internetbu-
chung 10 % Rabatt.

Guinness-Buch der Weltrekorde:
www.guinnessworldrecords.com

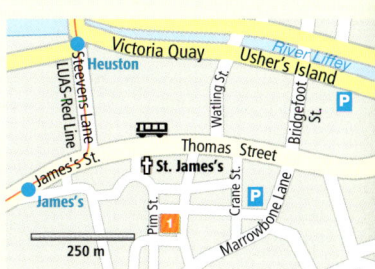

Karte: ▶ E–F 4 | **Luas:** Red Line, Smithfield

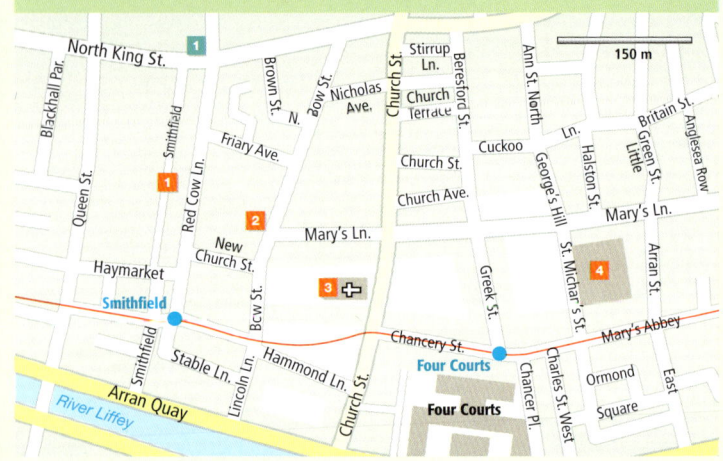

Nukleus der Erneuerung

So könnte man **Smithfield Plaza** bezeichnen. Der Entwurf für den lang gestreckten Platz mit 27 m hohen, futuristischen Gaslaternen stammt von McGarry NiEanaigh Architects. Man ließ 400 000 alte Pflastersteine von Hand reinigen und verlegen. Glänzende Apartmenthäuser aus Glas und Stahl stehen Spalier. Die Wohnungen darin, man kann es sich denken, sind nicht gerade preiswert.

Der hartnäckige Pferdemarkt

Am ersten Sonntag der Monate März und September, von der Morgendämmerung bis 14 Uhr, bleibt Smithfield seiner historischen Vergangenheit treu. Vorort-Jungs mit raspelkurzen Haaren reiten ohne Sattel auf struppigen, gescheckten Ponys quer über den Platz

Noch kommen die Pferdeverkäufer zum Markt und die Gemüsehändler zum Großmarkt, auch die Mumien von St. Michan's sind nicht umgezogen. Doch den ersten Eindruck des Viertels bestimmt heute die Design-Architektur der zeitgenössisch aufgehübschten Smithfield Plaza.

Es war einmal ein Kleine-Leute-Viertel, das sich seit 1664 dem Vieh- und Pferdehandel verschrieben hatte. Es war nicht wirklich vorzeigbar und so landete es in den 1990ern auf dem städtischen Sanierungsplan. Wie es von offizieller Seite gern heißt, wurde es zu einer zeitgenössischen Stadtlandschaft umgestaltet. Für viele der nicht mit Reichtum gesegneten Einwohner hieß das: steigende Mieten, also Auszug.

und hoffen, dass ihre raspelkurz geschorenen Papas ihnen eins kaufen. ›Coole‹ Männer scharen sich um massige Kaltblüter oder Sulkies, die zum Verkauf stehen. Fremde bekommen meist nicht mit, wenn und wie ein Abschluss getätigt wird, denn dafür müsste man die Zeichen deuten können, die nur die Insider beherrschen. Doch der Kontrast, wenn die gruppenweise an den Designerlaternen angebundenen Zossen ihre Äpfel auf dem kostbaren Kopfsteinpflaster verteilen, könnte nicht deutlicher sein: Hier prallen altes und neues Dublin, arm und reich geradezu symbolhaft aufeinander. Tierschützer kritisieren den Markt wegen des oft tierquälerischen Umgangs der ›urbanen Cowboys‹ mit ihren Pferden, und auch den Stadtoberen und neu zugezogenen Anwohnern von Smithfield ist die Veranstaltung ein Dorn im Auge. Als dann noch mehrere Gewaltakte hinzukamen, zog das Dublin City Council im Jahr 2013 die Notbremse und reduzierte die früher monatliche Veranstaltung auf zwei Mal jährlich. Darüber hinaus sollen verschärfte Regularien dabei helfen, einen geregelten Marktablauf zu garantieren.

Schnapsbrennerei als Event

Das Besucherzentrum der **Old Jameson Distillery** 2 in den ehemaligen Produktionshallen hat industriearchäologische Bauteile wie viktorianische Eisensäulen geschickt mit musealen Puppen, Geräuschen, Gerüchen und allerlei technischen Finessen zu einem Event-Rundgang integriert. Hinterher darf man kostenlos *Uisce Beatha* probieren, was so viel wie ›Lebenswasser‹ heißt, ein Whiskey-Taster-Diplom erwerben und sich davon überzeugen lassen, was Jameson doch für ein tolles Gesöff ist.

Für Gruselwillige

St. Michan's Church 3, eine 1685 neu erbaute Wikingergründung, verdankt ihren Ruhm weder der Tatsache,

Der Pferdemarkt von Smithfield ist eine traditionelle, nicht unumstrittene Veranstaltung

dass sie eine bemerkenswerte barocke Holzeinrichtung und Orgel besitzt, noch der Überlieferung, dass Händel 1742 hier das Messias-Oratorium komponiert habe (was nicht stimmt).

Steile, hohe Stufen führen in die kühle, trockene Krypta. In den heute noch für Begräbnisse genutzten Kalksteingewölben stehen stapelweise Särge mit ihren teils offen daliegenden Bewohnern: staubbedeckte Mumien wie die nach der Rebellion von 1798 hingerichteten Sheares-Brüder, eine Nonne, ein Mann, dem eine Hand und beide Füße fehlen, und der sog. ›Kreuzfahrer‹. Die leicht erhobene Hand dieses Riesen darf berühren, wer mag. Wohin es führt, wenn man Kinder zu dieser morbiden Veranstaltung mitnimmt, zeigt Bram Stoker. Die Toten sollen ihm angeblich die Idee für den berühmtesten Untoten der Weltliteratur geliefert haben, den Grafen Dracula. Die jahrhundertealten Lederhüllen sind deshalb so gut erhalten, weil die magnesiumhaltigen Kalksteinwände der Luft jegliche Feuchtigkeit entziehen.

Noch mehr ungeleckte Northside

Beim **Dublin City Fruit and Vegetable Market** 4 stapeln sich palettenweise die Kohlköpfe, Orangen und Zwiebeln unter den Eisenkonstruktionen der viktorianischen Markthalle. 1892 wurde das stattliche Gebäude aus gelbem und orangefarbenem Backstein gebaut. Säulengeschmückte Portale führen in eins der bestgehüteten Geheimnisse Dublins. Der Großmarkt hat ein unnachahmliches, ganz ursprüngliches Flair. Doch unverändert wird er nicht bleiben. Nachdem ein ehrgeiziger Sanierungsplan im Zuge der Wirtschaftskrise ad acta gelegt werden musste, haben die Stadtoberen nun eine preisgünstigere Variante im Blick: Einzelhändler sollen gehobene Lebensmittel anbieten, aus biologischer Produktion und Eigenerzeugung. *Artisanal*, kunsthandwerklich, lautet der irische Begriff, der z. B. auf Bauernhofkäse, artgerechte Tierzucht, biologische Bäckerei und selbstgemachte Marmeladen und Chutneys angewendet wird.

Öffnungszeiten

Old Jameson Distillery 2 : Bow St., Tel. 01 807 23 55, www.jameson whiskey.com, Mo–Sa 9–18, So 10–18 Uhr, Erw. 14 €, Kinder 7,70 €.
St. Michan's Church 3 : Church St. Lower, Tel. 01 872 41 54, März–Okt. Mo–Fr 10–12.45, 14–16.45, Nov.–Febr. Mo–Fr 12.30–15.30, Sa ganzjährig 10–12.45 Uhr, Krypta nur mit Führung, 5 €.
Dublin City Fruit and Vegetable Market 4 : St. Michan's St., Mo, Mi–Fr 6–15, Di 6–13, Sa 6–11 Uhr.

Mekka der Folkmusik

The Cobblestone 1 : 77 North King St., Tel. 01 872 17 99, www.cobble stonepub.ie, Mo–Do 16–23.30, Fr, Sa 16–0.30, So 16–23.30 Uhr. Lassen Sie sich nicht von der abgerissenen Fassade abschrecken: Dahinter verbirgt sich ein unprätentiöser, traditioneller Northside Pub, in dem man schnell ins Gespräch kommt. Man spuckt nicht gerade auf den Boden, doch die Atmosphäre ist rau, aber herzlich. Berühmt ist der ›Cobbler‹ für die allabendliche irische ›Traditional Music‹, entweder als Spontan-Session im Pub oder im *Back Room*, wo bekanntere Interpreten wie John Spillane spielen. Es bleibt zu hoffen, dass die vielen Enddreißiger aus der City, bei denen der Pub richtig in Mode gekommen ist, seiner Authentizität keinen Abbruch tun werden.

14 | Dublins grüne Lunge – der Phoenix Park

Karte: ▶ A–D 2–5 | **Bus:** Nr. 10 von O'Connell Street zum Park Gate

Der Phoenix Park ist nicht einfach nur groß und grün: Er bietet Sport und Erholung, Denkmäler, Spielplätze, ein Besucherzentrum und sogar eine Burg – Sitz von Irlands Präsidentin. Auch eine der meistbesuchten Publikumsattraktionen der Insel ist hier ansässig, der Dubliner Zoo.

Der Landschaftspark, mit etwa 8 km² Europas größter Stadtpark, mit Gärtenanlagen, Seen, Grünflächen, Wäldchen und alten Baumsolitären, entstand aus dem Royal Deer Park, dem königlichen Jagdrevier. Vizekönig James Butler of Ormonde ließ ihn ab 1660 für die Waidmannslust Charles II. anlegen. 1745 ließ der Vizekönig Lord Chesterfield den Park kultivieren, wovon noch die elegante **Phoenix-Säule** in der Nähe von Ashtown Castle zeugt, und machte ihn für die Öffentlichkeit zugänglich. Seit 1986 ist er ein National Historic Park.

Sportlich, sportlich

Die schnurgerade, von Bänken und altertümlichen Laternen gesäumte **Chesterfield Avenue** durchschneidet den Park – vom Haupteingang bis zum Ashtown Castle sind es knapp 3 km. Der Park ist eben etwas für Sportliche: Überall sieht man Jogger, Radler, Skater und Spaziergänger. An den Wochenenden im Sommer wird Polo, Cricket, Fußball, Hurling und Camogie gespielt, wobei man kostenlos zuschauen darf.

Ein Obelisk für den Sieger von Waterloo

Wenn man das **Park Gate** **1** durchschritten hat, gelangt man in den **People's Flower Garden** **2**, einen in viktorianischer Zeit angelegten Blumengarten. Zur Linken reckt sich seit 1814 das **Wellington Monument** **3** fast 70 m hoch in den Himmel, der zweithöchste Obelisk der Welt – nur Washington hat einen noch höheren. Dem mit diesem Siegesmal nach Waterloo geehrten Schlachtenlenker war der Hinweis auf seine Dubliner Geburt gar nicht recht. »Nur weil jemand in einem Stall geboren ist, heißt das ja nicht, dass er ein Pferd ist«, soll er genörgelt haben.

Wo die Löwen brüllen
Der **Dublin Zoo** 4 steuert immer höhere Rekorde an: Die Million pro Jahr ist längst geknackt. Der drittälteste Zoo der

Übrigens: Aus der berühmten Löwenzucht des Dublin Zoo stammt auch jenes Prachtexemplar, das am Anfang der alten Metro-Goldwyn-Mayer-Filme brüllend seine Mähne schüttelt.

Welt öffnete 1831 seine Pforten. Er widmet sich arterhaltenden Zuchtprogrammen und der Zoodidaktik. Neu ist die afrikanische Savannenlandschaft, die beinahe eine Verdoppelung des Areals brachte. Auch gut: der Seehundteich, die Raubkatzen sowie das neue Gorilla-Regenwaldgehege, das schnell zu einem Besuchermagneten avancierte. Der gesamte Tierpark ist mit Pflanzen, Spielplätzen, Kiosken und Restaurants ansprechend und familiengerecht angelegt. Wem die Wege zu lang sind, setzt sich in den Minizug.

Im viktorianischen **Phoenix Park Tea Kiosk** 1 werden selbst gemachte Suppen, Paninis, Kuchen, Biokaffee und

Getränke serviert. In der Mulde The Hollow daneben steht der Kurparkpavillon, wo an Sonntagnachmittagen im Sommer – kostenlos – die Musik spielt.

Der Präsident lässt bitten
Die Residenz der irischen Staatspräsidenten, **Áras an Uachtaráin** 5, hat Mary McAleese, die Vorgängerin von Michael D. Higgins, erstmalig für Besucher geöffnet. Die schneeweiße georgianische Residenz, 1751 für das Parlamentsmitglied Nathaniel Clements erbaut, ist ein Traum aus flauschigen Killybegs-Teppichen, funkelnden Lüstern und historischen Porträts.

Eine waschechte Burg
Nach etwa weiteren 20 Minuten zu Fuß steht man vor **Ashtown Castle** 6, einem imposanten Tower House aus der Zeit um 1600. Es wurde unter Putzschichten der ehemaligen päpstlichen Nuntiatur wieder ›hervorgeholt‹.

Daneben erläutert das **Phoenix Park Visitor Centre** 7 anschaulich Geologie, Fauna, Flora, Geschichte und Ökologie des Parks. Hübsch für Kinder ist die Schlummerhöhle mit den Tieren des Parks. Der mauerumgebene viktorianische Küchengarten ist ein weiteres Highlight. Eine Damhirschherde, Eulen, Sperber, Dachse, Füchse und graue Eichhörnchen leben im Phoenix Park stadtnah. Auf Wandervorschlägen vom Besucherzentrum aus kann man versuchen, ihnen zu begegnen.

Besucherinfos
Phoenix Park: 24 Std. geöffnet, www.phoenixpark.ie.
Dublin Zoo: www.dublinzoo.ie, Tel. 01 474 89 00, tgl. Nov.–Jan. 9.30–16, Febr. bis 17, März–Sept. bis 18, Okt. bis 17.30 Uhr, Erw.16,50 €, Kinder bis 3 Jahre frei, bis 16 Jahre 11 €.

Phoenix Park Tea Kiosk:
April–Sept. 10–17.30, Okt.–März bis 16 Uhr.
Áras an Uachtaráin:
www.president.ie, kostenlose Führung Sa 10.30–15.30 Uhr, Karten im Phoenix Park Visitor Centre, Tour-Infos unter Tel. 01 677 00 95.

**Phoenix Park Visitor Centre/
Ashtown Castle:** Tel. 01 677 00 95,
www.heritageireland.ie, Nov.–April
Mo–So 9.30–17.30, Mai–Okt. tgl.
10–17.45 Uhr, Eintritt frei.

Fortbewegung im Park
Fahrradverleih 1: Chapelizod Rd.,
Tel. 086 265 62 58, www.phoenixpark
bikehire.com, 2 Std. 5 €, Tag 10 €,
auch Tandems und Kindersitze.
Minizug: tgl. 10–17 Uhr, im Hop-on-
hop-off-Verfahren an mehreren Halte-
stellen, Erw. 8 €, Kind 4 €.

In der Nähe
**National Museum of Ireland –
Decorative Arts 8:** Benburb St., Tel.
01 677 74 44, www.museum.ie, Luas:
Red Line, Di–Sa 10–17, So 14–17 Uhr,

Eintritt frei. Dieser Teil des National-
museums nutzt die 1700–1709 erbaute einstige Kaserne **Collins Barracks.**
Interaktive Multimedia-Technologie
und neueste Museumsdidaktik schicken die Besucher auf Entdeckungsrei-
se. Ausgestellt sind Glas, Silber, wis-
senschaftliche Instrumente, Möbel,
Musikinstrumente, ethnografische Ob-
jekte, Kleidung, Alltagsgegenstände,
Schmuck und Werke der irischen Designerin Eileen Gray (1878–1976). Eines der Highlights ist der silberne
Messkelch von Thomas de Burgo und
der Piratenkönigin Grace O'Malley aus
dem Jahr 1494. Die exzellente Albert
Bender Exhibition für asiatische Kunst
zeigt tibetische Tankas, japanische
Druckgrafiken und chinesische Klein-
plastik.

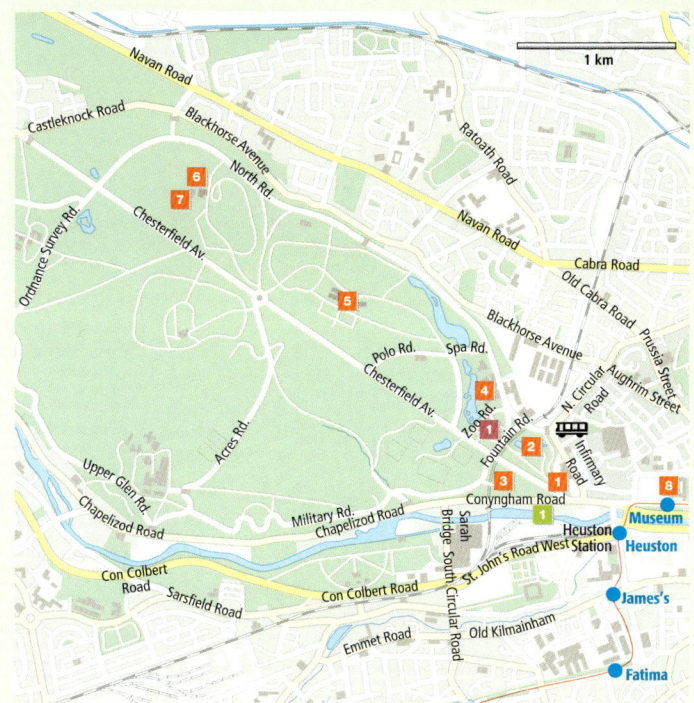

15 | Mehr Design geht nicht – die Dublin Docklands

Karte: ▶ G–J 4–5 | **Luas:** George's Dock

Wo noch vor wenigen Jahren eine heruntergekommene Hafenödnis herrschte, wird heute zeitgenössische Architektur aus Glas, Stahl und Beton zelebriert, entstanden schicke Läden, schicke Bars, schicke Brücken.

Bis ins frühe 18. Jh. dehnte sich hier das von den Gezeiten überspülte Schlickwatt der Liffey und ihrer beiden Zubringerflüsse **Dodder** und **Tolka** aus. Dann trotzten georgianische Unternehmer das Land dem Meer ab, indem sie der Liffey mit North Wall, East Wall und Hafenkais ein steinernes Korsett anlegten. So konnten Frachtsegler aus aller Welt an den neuen Docks anlegen. Im 19. Jh. kamen Fabriken, Kräne und Dampfschiffe dazu. Raue Hafenarbeiter schippten Kohle. Mittwochmorgens wurden Viehherden durch die Straßen auf die Schiffe getrieben. Die charakteristischen Guinness-Lastkähne trans-

portierten die Porter-Fässer über die sog. ›Liffey mile‹ von der Brauerei zum Hafen.

Der Niedergang der Docklands setzte mit dem Zweiten Weltkrieg ein. In den 1970er- und 1980er-Jahren waren sie eines der gefährlichsten Elendsviertel der Welt, wo die Sterblichkeitsrate über der von Kalkutta lag! Ein Synonym für die Dubliner Slums waren die tristen Mietblöcke der Sheriff Street. Kurz vor ihrem Abriss drehte der in den Docklands geborene Regisseur Jim Sheridan hier »In the Name of The Father« und »The Boxer« mit Daniel Day-Lewis. Auch der charismatische Luke Kelly (1940–1984), Gründungsmitglied der Dubliners, stammt aus den Docklands.

Aufbruchstimmung

1996 wurde die Dublin Docklands Development Authority, kurz DDDA, zur Entwicklung der Docklands gegründet. Eines und nicht das geringste ihrer Anliegen war es, auch die sozial schwachen Bewohner des Viertels in den Neuanfang zu integrieren. 20 % der Neubauten müssen zum sozialen Wohnungsbau gehören bzw. erschwingliche Mieten aufweisen. Viel Geld wurde in Schulen, Sportclubs, Gemeindezentren und Spielplätze gesteckt. Nun, einige Jahre und 5 Mrd. € später, leben über 23 000 Menschen und arbeiten 40 000 Beschäftigte in dem quasi aus dem Boden gestampften In-Zentrum. Die Finanzkrise hat dafür gesorgt, dass Projekte wie der U2 Tower und Antony Gormleys Skulptur »Riese« auf Eis gelegt wurden.

Die Rückeroberung der Liffey
Die **Famine Sculpture** [1] des Dubliner Bildhauers Rowan Gillespie, 1997 enthüllt, erinnert an eine Zeit der Armut und des Hungers. Mitte des 19. Jh. mussten Millionen Iren ihr Land verlassen, vom hiesigen Kai legten die Auswandererschiffe ab. Von der leidvollen Vergangenheit ist in den Docklands nichts mehr zu spüren. Jahrzehntelang vernachlässigt und von hässlichen Lagerhäusern versperrt, wurde Dublins Fluss nun für die Öffentlichkeit erschlossen. Eine elegante Uferpromenade mit Geländern, Straßenlaternen, Pollern und Bänken aus edelsten Materialien säumt die Liffey. ›**Freeflow**‹, eine Installation der Künstlerin Rachel Joynt, besteht aus 900 wasserblauen LED-Pflastersteinen mit einem silbernen und einem kupfernen Fischchen unter Glas und zieht sich über einen Kilometer vom Custom House Quay bis zum Point Village entlang.

Sitting on the docks of the bay
George's Dock und **Inner Dock** aus georgianischer Zeit sind heute dekorative Hingucker für die umliegenden Un-

ternehmenssitze, Wohnhäuser, Restaurants und Wassersportclubs. Auf der Plattform rund um die Wasserfläche finden Veranstaltungen und Konzerte statt, zum Beispiel der Weihnachtsmarkt und das Oktoberfest. Hinter den backsteinernen Mauern des historischen Hafenmeister-Hauses kann man nun im **Harbourmaster** [1] stylisch ein Pint trinken oder auch Snacks und Steaks und neuirische Küche genießen.

Brückenschläge
Mehrere Brücken beheben ein jahrhundertealtes infrastrukturelles Manko Dublins: Nun gelangt man in wenigen Minuten vom George's Dock zum Merrion Square in Süd-Dublin, was früher mit großen Umwegen verbunden war. Fußgänger können seit 2005 die von Cyrill O'Neill entworfene **Sean O'Casey Footbridge** [2] nehmen, benannt nach dem Dubliner Dramatiker und Gesellschaftskritiker Sean O'Casey (1880–1964). Er war ein waschechtes Kind der Docklands, aufgewachsen in der Gemeinde East Wall. Brücken sozialer Art schlägt das **National College of Ireland** [3], das 2002 in die Docklands umzog. Der ›Campus ohne Mauern‹ hat 5000 Studierende, oft aus dem Arbeitermilieu oder über den Zweiten Bildungsweg kommend, die hier einen Hochschulabschluss machen.

Stararchitekt Santiago Calatravas harfengleiche Schrägseilbrücke verbindet seit 2009 Nord- und Süddocklands. Namensgeber der **Samuel Beckett Bridge** [4] war der in Dublin geborene Dramatiker (1906–1989), der 1969 als dritter Ire den Literaturnobelpreis erhielt.

Stelldichein der Stararchitekten
Den elegant geschwungenen Flügeln eines Mantarochens empfanden Futu-

Mittagspause am Grand Canal Square mitten in den Docklands

re Systems die nachts effektvoll illuminierte **Spencer Dock Bridge** 5 nach. Im Jahr 2010 für Luas, Autos, Fußgänger und Radfahrer freigegeben, würde sie einen wunderbaren Blick auf den **Linear Park** 6 entlang des **Royal Canal** nach Entwürfen von Agence Ter bieten. Wie so oft im Dublin der Nach-Finanzkrise-Zeit stehen die Pläne, doch die Realisierung des Parks steht in den den Sternen. 2015? Oder gar nicht?

Kevin Roches **Convention Centre Dublin** 7 ist eine gekippte Glastonne zwischen asymmetrischen weißen Betonflächen. Seit 2010 können hier Konferenzen der Megaklasse abgehalten werden. Das Entwicklungsareal **Point Village** mit dem Megaveranstaltungszentrum The O2 (s. S. 108) ist seit dem 18. Jh. nach dem ›Punkt‹ be-

nannt, an dem sich North Wall und East Wall trafen.

Um das Grand Canal Dock

Fokus der neuen Entwicklung am Südufer ist das L-förmige Schiffsanlege-Dock, in georgianischer Zeit eins der größten Europas. Die Erde hier war durch Chemiefabriken, Metallöfen und das Gaswerk so stark kontaminiert, dass sie für viele Millionen 4 m tief abgetragen, entgiftet und neu eingefüllt werden musste. Hierauf steht jetzt der 2000 von O'Mahony Pike entworfene **Millenium Tower** 8, Irlands höchstes Wohnhaus. In seinem Erdgeschoss bietet die **Mourne Seafood Bar** 1 einen fantastischen Blick auf die von trendigen Neubauten, Kränen und alten Lagerhäusern umgebene Wasserfläche, auf Boote, Möwen und Kormorane.

Der **Grand Canal Square** **9** mit seinen roten Pfosten, dem in Rot und Grün gehaltenen Boden und dem spektakulären Lichtdesign wurde von den Martha Schwartz Studios entworfen. Hier gibt es einige Restaurants, Ableger Dubliner Institutionen wie **Ely** (s. S. 97), auf alle Fälle zeitgenössisch, minimalistisch und kosmopolitisch.

Das 2010 eröffnete **Grand Canal Theatre** **10** lässt mit seinen signaturhaften geometrischen Öffnungen und halluzinatorischen Winkeln keinen Zweifel aufkommen, dass die Architektenlegende Daniel Libeskind sein geistiger Vater ist.

Auf 2000 Plätzen können die Zuschauer Ballett, Oper und Musical genießen, z. B. »Cats« oder »Mamma Mia«, das Bolschoi-Ballett oder den Moskauer Staatszirkus, Chris Rea oder die Chieftains.

Infos
www.dublindocklands.ie
www.ddda.ie
www.theccd.ie

Öffnungszeiten
Grand Canal Theatre **10**:
Grand Canal Sq., www.grandcanal theatre.ie, Tickets: Ticketmaster 0818 71 93 77, DART: Grand Canal Dock.

Schick essen und trinken
The Harbourmaster **1**: Old Dock Offices, Customs House Dock, Tel. 01 670 16 88, Essen Mo–Sa 12–20.30 Uhr, Hauptgericht mittags ca. 9 €, abends ca. 20 €, Bar Mo–Do 12–23.30, Fr, Sa 12–0.30, So 12.30–0.30 Uhr.

Cill Airne **2**: 16 The Quay, Tel. 01 817 87 60, www.mvcillairne.com, Restaurant Quay 16, Di–Sa 17.30 bis spät, Dinner ab 26 €; Blue River Bistro Bar, tgl. 12–21 Uhr, ca. 15 €. Die Location – ein 1961 gebautes Personenschiff – bietet mehr als Essen. Man läuft über einen Boden aus glänzenden Holzplanken – das Schiff ist das letzte in Niettechnik hergestellte der Welt. Auf dem Oberdeck sitzt man im Sommer einzigartig. Aber: Kinder und Turnschuhe sind unerwünscht!

Mourne Seafood Bar **1**: Charlotte Quay, Tel. 01 668 88 62, http://mour neseafood.com, Mo–Sa 12–15, 17–22, So 12–20 Uhr. Die kühle Bar mit schlichten Linien serviert Schätze des Meeres auf zeitgenössische Art.

Noch mehr Dublin

Gebäude, Ensembles

Bank of Ireland ► G 5

2 College Green, Innenstadt, Luas: Red Line, Abbey St., Mo–Fr 10–16, Do bis 17 Uhr, kostenlos zugänglich während der genannten Schalterzeiten

Das erste der großen palladianischen Gebäude Dublins wurde 1729 von dem jungen Architekten und Parlamentsmitglied Edward Lovett Pearce als würdiges Haus für das irische Parlament errichtet. Am 2. August 1800 tagte das irische Parlament zum letzten Mal und beschloss, einzigartig in der Weltgeschichte, seine eigene Auflösung. 1803 erwarb die Bank of Ireland das Gebäude und ließ das **House of Commons (Unterhaus)** 1804 von Francis Johnston durch die heutige Schalterhalle ersetzen. Unter der hohen Kassettendecke und der prächtigen Stuckausstattung dieses Tempels des Mammons hindurch gelangt man in das original erhaltene **House of Lords (Oberhaus),** einen der schönsten georgianischen Innenräume.

Casino Marino ► J 2

Cherrymount Crescent, off Malahide Rd., Marino, www.heritageireland.ie, Bus: 42, 43 von Abbey St. Lower, 14, 27, 27A, 27B, 128 von Eden Quay, nächste Haltestelle Nazareth House, Ende April–Ende Okt. tgl. 10–17 Uhr, nur mit Führung: Erw. 3 €, Kinder 1 €

James Caulfield, Earl of Charlemont, ließ sich von 1758 an das ›Lusthäuschen am Meer‹ errichten. Sein Freund, der georgianische Stararchitekt William Chambers, entwarf ihm den Zentralbau. Von außen wirkt er wie ein antikes Tempelchen, bietet innen jedoch aufgrund geschickter architektonischer Kniffe viel Wohnkomfort und Platz.

Christ Church Cathedral ► F 5

Christchurch Pl., Innenstadt, www.christchurchdublin.ie, Luas: Red Line, Four Courts, März–Mai Mo–Sa 9–18, So 12.30–14.30, 16.30–18, Juni–Sept. Mo–Sa 9–19, So 12.30–14.30, 16.30–19, Okt.–Febr. Mo–Sa 9–17, So 12.30–14.30 Uhr, Eintritt 6 €

Der hl. Laurence O'Toole und der normannische Adlige Strongbow ließen Christ Church von 1172 an erbauen. Aus ihrer Zeit stammt die über 60 m lange **Krypta,** die sich – einzigartig in Irland und Großbritannien – fast unter der gesamten Kirche entlangzieht. Die mumifizierten, in einer Orgelpfeife gefundenen Körper einer Katze und einer Ratte erzählen die Geschichte einer Jagd mit doppelt tödlichem Ausgang: Jedes Dubliner Kind kennt ›the cat and the rat‹.

1240 wurde die dreischiffige anglikanische Kathedrale nach englischem Vorbild im sog. Übergangsstil vollendet, den man an den hochgotischen Spitzbogenarkaden des Hauptschiffs und den noch romanischen Säulenrundfenstern und Zickzackfriesen der Querschiffe erkennt. Der überwiegende Teil der heutigen Kirche ist das Ergebnis der grundlegenden Restaurierung von 1871–1878.

Die berühmte **Liegeeffigie** unter der dritten Arkade zum südlichen Seitenschiff stellt entgegen der lokalen Tradition nicht den Stifter Strongbow, sondern einen unbekannten Ritter dar. Und die kleinere Figur neben ihm ist auch nicht, wie angenommen, sein Sohn, den Strongbow wegen Feigheit in der Schlacht eigenhändig in zwei Stücke gehauen haben soll.

Custom House ▶ G 4

Custom House Quay, Innenstadt,
www.tourist-information-dublin.co.uk,
Luas: Red Line, George's Dock

Das einstige Zollamt in Hafennähe ist eins der repräsentativsten georgianischen Bauten Dublins. Säulen, seit jeher Zeichen der Macht, hat der englische Architekt James Gandon (1742–1823) an seinem 1781–91 errichteten Meisterwerk in reichem, wenn auch nicht übertriebenem Maße verwendet. Der von Edward Smyth (1749–1812) geschaffene allegorische Skulpturenschmuck gibt sich staatstragend britisch und wasserverliebt: Bärtige Flussgottköpfe – und das reizende Gesicht der Anna Livia, der Personifikation der Liffey, über dem Haupteingang – zieren die fast 130 m

Das prächtig ausgestattete Innere der Christ Church Cathedral

Das Custom House gehört zu den schönsten georgianischen Bauten Dublins, besonders beeindruckend ist die 130 m lange Prachtfassade an der Liffey

breite Flussfassade aus strahlend weißem Portland-Stein. Die Hoffnung, in Zeiten der Finanzkrise aktueller denn je, bekrönt die 40 m hohe zentrale Kuppel.

1922 gab Michael Collins den Befehl, das Symbol britischer Macht zu zerstören: Es brannte fünf Tage lang bei 800 °C, wurde später restauriert und beherbergt heute das Umweltministerium und ein kleines Besucherzentrum, das man sich getrost schenken kann.

Four Courts ▶ F 5
Inns Quay, Innenstadt, Luas: Red Line, Four Courts, zum Teil öffentlich zugänglich, Eintritt frei
Wieder war James Gandon am Werk. 1786–1802 entstanden die ›Vier Gerichtshöfe‹ nach seinen Plänen. 1922 wurden sie zum IRA-Hauptquartier und erlitten im Bürgerkrieg schwere Zerstörungen. Da hier auch heute noch Irlands höchste Gerichte arbeiten, lernt man

das Gebäude als Tourist meist nicht von innen kennen. Um die ganze Pracht der hellen, breit gelagerten Flussfassade mit ihrer zentralen Säulenkonzentration angemessen zu würdigen, überquert man am besten die Liffey auf der spätgeorgianischen Father Mathew Bridge.

Grand Canal ▶ H 5
DART: Grand Canal Dock
1756–1804 gebaut, diente der künstliche Wasserweg eineinhalb Jahrhunderte lang der Personen- und Frachtschifffahrt, bevor er 1960 geschlossen wurde und verfiel. Ab 1986 wurde er instandgesetzt und ist nun wieder für Freizeitschiffe befahrbar. Ein etwa halbstündiger Spaziergang von der Wilton Terrace (▶ G/H 6) bis zum Clanwilliam Place (▶ H 5) führt über den gepflegtesten Abschnitt des früheren Treidelpfads. Romantische Schleusen und elegante Brücken liegen im schmalen

Plänen von Burke Kennedy-Doyle und Benjamin Thompson & Associates fertiggestellt. Hier nahm der ›Keltische Tiger‹ seinen Anfang. Heute arbeiten 20 000 Beschäftigte für die Banken und Versicherungen aus aller Welt, z. B. den Finanzgiganten Citibank.

Kilmainham Gaol ► D 5

Inchicore Rd., Kilmainham, www.heritageireland.ie, Bus: 69, 79 von Aston Quay, April–Sept. tgl. 9.30–18, Okt.–März Mo–Sa 9.30–17.30, So 10–18 Uhr, nur mit Führung: Eintritt 6 €

Von 1796 bis zur Schließung 1924 haben diese düsteren Mauern viele der Patrioten und Rebellen gefangen gehalten, die für Irlands Freiheit gekämpft und teils hier auch ihr Leben gelassen haben. Die Zelle, in der Robert Emmet die letzte Nacht vor seiner Hinrichtung verbrachte, und Charles Stewart Parnells vergleichsweise komfortable Suite sind auf einer Führung zu besichtigen, dazu gibt es ein Video und eine Ausstellung zu Irlands vielen gescheiterten Aufständen. Kaum einer wird sich der beklemmenden Atmosphäre dieses Ortes entziehen können: spätestens in dem kahlen Gefängnishof, in dem Patrick Pearse und die anderen Anführer des Osteraufstands 1916 hingerichtet wurden.

Uferpark; Enten, Reiher, Wasserlilien und Schilfdickichte beweisen gute Wasserqualität.

Ha'penny Bridge ► G 5

Temple Bar, Luas: Red Line, Jervis

Das 1815/16 errichtete Schmuckstück viktorianischer Eisengusstechnik verdankt seinen Namen dem halben Penny Maut, den man bis 1916 für die Überquerung der Fußgängerbrücke entrichten musste. Die bei Touristen wie Bettlern außerordentlich beliebte Brücke führt vom Merchants' Arch, Teil des ehemaligen Gildenhauses der Kaufleute, in Temple Bar über die Liffey.

International Financial Services Centre (IFSC) ► G 4

Docklands, www.ifsc.ie, Luas: Red Line, George's Dock

Die drei Glasbauten des Internationalen Finanzzentrums wurden 1990/91 nach

Liffey ► A–J 4–5

Der von James Joyce als Anna Livia Plurabelle verewigte Fluss entspringt etwas östlich von Sally Gap in den Wicklow Mountains, schlägt einen Bogen nach Westen und fließt dann wieder über 110 km nach Osten zurück in die Dublin Bay. Die Liffey ist ziemlich *sniffy*, heißt es in Dublin … will sagen: Sie riecht streng und verschlammt. Daran hat auch die Sanierung der Uferkais nichts geändert.

Noch mehr Dublin

Liffey Board Walk ▶ F 5–G 4
Millennium Footbridge bis Talbot Memorial Bridge am Custom House Quay
Auf der an die Kaimauer angehängten Flusspromenade aus Hartholz läuft man bequem etwas unterhalb des brausenden Verkehrs der Uferstraßen. Bänke laden zu Verschnaufpausen ein.

Mansion House ▶ G 5
Dawson St., Innenstadt, Luas: Green Line, St. Stephen's Green
1710 für Joshua Dawson im Queen-Anne-Stil errichtet, wurde das im 19. Jh. nachhaltig umgestaltete Gebäude 1715 zum Amtssitz des jährlich gewählten Bürgermeisters. Im Round Room tagte 1919 der erste *Dáil* (das irische Parlament) und ratifizierte die Unabhängigkeitserklärung.

Millennium Bridge ▶ F 5
Temple Bar, Luas: Red Line, Jervis
Die elegante, bestechend schlichte Fußgängerbrücke unterstreicht Dublins Anspruch, eine der ›Chic Cities‹ des dritten Jahrtausends zu sein. Aneinander gelegt würden die Mikrostränge des Glasfaserkabels einmal um die Erde laufen.

Prospect Cemetery ▶ E 2
s. unter Glasnevin Museum S. 80

Royal Canal ▶ H 4
Luas: Red Line, Spencer Dock
Der 1790 gebaute Kanal schlägt, annähernd spiegelbildlich zum Grand Canal im Süden, einen Halbkreis durch das nördliche Dublin. Nachdem 1961 die Schifffahrt endgültig eingestellt worden war, verfiel er. Das Sanierungsprogramm greift am sichtbarsten in den Docklands.

St. Audoen's Church ▶ F 5
Cornmarket, High Street, Innenstadt, Tel. 01 677 00 88, www.heritageireland.ie, Luas: Red Line, Four Courts,

Mai–Okt. tgl. 9.30–17.30 Uhr, Eintritt frei
Die einzige erhaltene mittelalterliche Pfarrkirche innerhalb der Stadtmauern ist unterteilt in ein Besucherzentrum mit Ausstellung, einen noch als Pfarrkirche genutzten Teil, in dem ein romanischer Taufstein die Blicke auf sich zieht, und die romantische Ruine der spätgotischen Portlester-Kapelle. Im Turmuntergeschoss befindet sich das qualitätvolle Grabmal des Herrn Portlester nebst Gattin.

Museen

Dublin City Gallery the Hugh Lane ▶ F 4
Parnell Sq. North, Innenstadt, www.hughlane.ie, Luas: Red Line, Abbey Street, Di–Do 10–18, Fr, Sa 10–17, So 11–17 Uhr, Eintritt frei
Charlemont House, 1762 von William Chambers entworfen, beherbergt eine exzellente Sammlung internationaler und irischer Kunst des 19. und 20. Jh.; Werke u. a. von Degas, Monet, Manet, Henry Moore, William Orpen, Walter Osborne, Sean Scully sowie Irlands wohl bedeutendstem Maler, Jack Butler Yeats, dem Bruder des Literaturnobelpreisträgers William Butler Yeats. Erweitert und renoviert ist nun Platz für Francis Bacons originales, aus 7500 Einzelteilen wieder aufgebautes Atelier.

Dublinia and the Viking World ▶ F 5
St. Michael's Hill, Christchurch, www.dublinia.ie, Luas: Red Line, Four Courts, tgl. März–Sept. 10–18.30, Okt.–Febr. 10–17.30, Eintritt: Erw. 8,50 €, Kinder 5,50 €
In der neogotischen Synod Hall direkt neben der Christ Church Cathedral bringt diese anschauliche, aber nicht

mehr ganz neue Ausstellung dem Besucher die mittelalterliche Geschichte Dublins und die Zeit der Wikinger anhand von Puppen, Modellen und archäologischen Funden nahe. Der **St. Michael's Tower** aus dem 17. Jh. bietet einen Blick über die Dächer von Dublin (s. Kasten).

GAA Museum ► G 3

St. Joseph's Ave., Phibsborough, Tel. 01 819 23 00, www.museum. gaa.ie, Bus: 1, 11, 13, 16, 44 von O'Connell St. zur Drumcondra Road, Sept.–Mai Mo–Sa 9.30–17, So 10.30/ Mai 9.30–17, Juni–Aug. Mo–Sa

Die besten Aussichtspunkte über das Häusermeer von Dublin sind die **Gravity Bar** im Guinness Storehouse (s. S. 63) sowie der **St. Michael's Tower** in Dublinia (s. S. 78).

9.30–18, So 9.30–17 Uhr, Eintritt: Erw. 12,50 €, Kind 8,50 € inkl. Stadiontour. Das modernisierte Stadion Croke Park am Royal Canal ist das größte von ganz Irland und *die* Arena für die gälischen Nationalsportarten Hurling und Gaelic Football (s. S. 18, 22). Im Museum der Gaelic Athletic Association kann man

In der Gravity Bar gibt es nicht nur ein Pint Guinness umsonst, sondern auch noch einen grandiosen Blick über Dublin

Noch mehr Dublin

Als Stadt der Dichter hat Dublin Geburtshäuser von Autoren und Literaturmuseen zuhauf zu bieten:
Dublin Writers Museum: s. S. 36
James Joyce Centre: s. S. 35
James Joyce Museum: s. S. 37
Shaw Birthplace: s. S. 81

über Touchscreen-Monitore historische Höhepunkte, Stars und Spiele abrufen und sein Geschick für diese ›Spiele von Raufbolden für Raufbolde‹ testen. Die etwa zwei Stunden dauernde, absolut empfehlenswerte Stadion-Tour führt auch in die Spielerkabinen, den VIP-Bereich und auf die Ehrentribüne hoch über dem Spielfeld, wo man probeweise auf dem Sitz des Präsidenten Platz nehmen darf.

Glasnevin Museum ▶ E 1

Finglas Rd., Glasnevin, www.glas nevin.ie, Bus: 40, 140 von O'Connell St., April– Sept. Shuttlebus, Mo–Fr 10–17, Sa, So 11–18 Uhr, Eintritt 6 €; Friedhof tgl. 8.30–17 Uhr, Führungen von ca. 1 Std. Dauer tgl. 11.30, 12.30, 14.30 Uhr, 5 €

Das 2010 eröffnete Museum führt in die Geschichte des irischen Nationalfriedhofs ein. Etwa 1,5 Mio. – hauptsächlich katholische – Tote sind im Laufe der Zeit auf dem **Prospect** und **Glasnevin Cemetery** begraben worden, der erste 1832. Es scheint, als habe am Ende jeder, der in Politik, Kunst oder Literatur Bemerkenswertes für das irische Bewusstsein geleistet hat, den Weg hierher gefunden: Daniel O'Connell, Charles Stewart Parnell, Patrick Pearse, Michael Collins, Eamon de Valera und Constance Markievicz liegen hier, James Joyces Vater, Brendan Behan und viele, viele mehr. Für die nächsten Jahre ist die Sanierung angesagt.

Irish Museum of Modern Art ▶ D 5

Military Rd., Kilmainham, www.imma. ie, Luas: Red Line, Heuston Station, Di–Fr 11.30–17.30, Sa 10–17.30 Uhr, Eintritt frei

Irlands Museum für moderne und zeitgenössische Kunst ist im Jahr 1991 in einem prachtvollen georgianischen Gebäude untergekommen: 1680 wurde das ehemalige Kriegsinvalidenheim des **Royal Hospital Kilmainham** von William Robinson nach dem Vorbild von Les Invalides in Paris erbaut. Aus einem reichen Fundus an Kunst werden wechselnde Ausstellungen gezeigt, z. B. Werke von Lucian Freud, Markus Lüpertz, Jack Butler Yeats, Felim Egans oder Sean Scully.

National Gallery ▶ G 5

Merrion Sq. West, Innenstadt, www. nationalgallery.ie, DART: Pearse Station, Mo–Sa 9.30–17.30, Do bis 20.30, So 12–17.30 Uhr, Eintritt frei

In der 1864 eröffneten Nationalgalerie kann man leicht einen ganzen Tag verbringen. In würdigen viktorianischen Sälen und einem hellen, modernen Flügel, dem Millennium Wing, hängt, was Rang und Namen in der europäischen Malerei vom Mittelalter bis ins frühe 20. Jh. hat. Das Herz der Sammlung stellt die **Irische Schule** dar, u. a. mit Werken von William Orpen, John Lavery und John Leech. In der **Portrait Gallery** bekommen irische Geschichte und Kultur ihre Gesichter: Joyce, Swift, die Gräfin Markievicz und Seamus Heany schauen auf die Heutigen herab. Unabdingbar ist auch das **Yeats Museum.** Jack Butler Yeats (1871–1957) ist mit seinem expressiven, eigenwilligen Stil wohl Irlands größtes Malergenie.

Unter den europäischen Schulen in den oberen Ebenen findet man so klangvolle Namen wie Tizian, El Greco,

Goya oder Brueghel. Glanzstücke sind Caravaggios »Gefangennahme Christi«, Rembrandts »Landschaft mit der Rast auf der Flucht nach Ägypten« sowie Johannes Vermeers »Briefschreibende Dame«. Seit 2006 hat die Nationalgalerie auch ihren ersten Van Gogh.

Ein Faltplan hilft, die etwas labyrinthische Struktur des Museums auf drei Ebenen und in vier Flügeln zu meistern. Wenn man sich sattgesehen hat, kann man im Café Kuchen oder Lunch zu sich nehmen und durch den Kunstbuchladen stöbern.

National Wax Museum ▶ G 5

4 Foster Pl., www.waxmuseumplus.ie, Luas: Green Line, St. Stephen's Green, tgl. 10–19 Uhr, Erw. 12 €, Kinder 8 €
Das neu eröffnete Wachsmuseum hält die Balance zwischen Kitsch, Grusel, Info und modernem Intermedia-Equipment. Irlands berühmte Schriftsteller sitzen einvernehmlich in einer Bibliothek zusammen, Musik- und Filmstars wie U2 und Liam Neeson, irische Erfinder und historische Ereignisse von den Wikingerüberfällen bis zum Osteraufstand sind aus Wachs in Szene gesetzt. Für Kinder gibt es einen Raum mit den Simpsons und Harry Potter, für hartgesottene Erwachsene die Chambers of Horrors im Keller, in der sich genuin irische Gruselikonen wie Dracula mit internationalen Schockern wie Hannibal Lector tummeln.

Shaw Birthplace ▶ F 6

33 Synge St., Portobello, www.visitdub lin.com, Bus: 16, 16A, 19, 19A, 122 von O'Connell St., zur Zeit leider geschl., Erw. 6 €, Kinder 4 €
In diesem bescheidenen viktorianischen Reihenhaus wurde am 26. Juli 1856 George Bernard Shaw geboren. Das karge Kellergeschoss für die Dienstboten, die schwülstig-düsteren Repräsentationsräume und der von hohen Back-

steinmauern umschlossene Kleingarten wirken ungeheuer authentisch.

Parks und Gärten

Garden of Remembrance ▶ F 4

Parnell Sq. East, Innenstadt, Luas: Red Line, Abbey Street
Hier nimmt mancher Dubliner seinen Lunch ein. Der stille, kleine Park wurde 1966 im Gedenken an die Menschen errichtet, die für die Freiheit Irlands starben. Oisín Kellys Monumentalplastik der ›Children of Lir‹ thematisiert die traurige Legende von den vier Kindern König Lirs, die von ihrer eifersüchtigen Stiefmutter Aoife in Schwäne verwandelt wurden.

Iveagh Gardens ▶ G 6

Clonmel St., südl. Innenstadt, Luas: Green Line, St. Stephen's Green
Hinter hohen Mauern verbirgt sich wie ein wohl gehütetes Geheimnis der weitläufige, 1863 geschaffene Stadtpark. Er hat alles, was eine Grünanlage ausmacht: Rosengarten, ein duftendes Buchsbaum-Labyrinth, Brunnen, Grotte, sogar einen Wasserfall.

National Botanic Gardens ▶ F 2

off Botanic Rd., Glasnevin, www.bota nicgardens.ie, Bus: 4, 9 von O'Connell St., Nov.–Febr. Mo–Fr 9–16.30, Sa, So 10–16.30, März–Okt. Mo–Fr 9–17, Sa, So 10–18 Uhr, Eintritt frei, kostenlose Führung So 12, 14.30 Uhr
Der im Jahr 1795 von der Royal Dublin Society gegründete Botanische Garten umfasst rund 20 ha Gelände am Südufer des Tolka-Flusses, Garten- und Parkanlagen mit fast 20 000 verschiedenen Pflanzen. Die viktorianischen Gewächshäuser aus Glas und Stahl sind ein besonderer Hingucker.

Ausflüge

Dún Laoghaire ▶ Karte 4

In der Hafenstadt Dún Laoghaire (sprich: Dann Llerie) legen auch die Autofähren aus dem britischen Holyhead an. Zwei 1 und 1,5 km lange Granitpiers umschließen das mit Segelbooten gesprenkelte, über 100 ha große Hafenbecken wie die Scheren eines Hummers. Für den Sonntag nehmen sich Dubliner Familien gern einen Spaziergang über den East Pier zum Leuchtturm am Ende vor.

Infos
Anfahrt: DART, Dún Laoghaire

Sandycove ▶ Karte 4

Eine verlassene Badeanstalt, gusseiserne Brunnen und Geländer sowie die bunte Häuserzeile am Meer atmen noch den Geist viktorianischer Badeseligkeit in diesem kleinen südlichen Vorort. Der Strand der ›sandigen kleinen Bucht‹ ist absolut kindertauglich. Das **James Joyce Museum** (s. S. 37) im **Martello Tower** und den traditionsreichen Nacktbadeflecken **Forty Foot Bathplace** erreicht man auf einem angenehmen Spaziergang am Meer entlang. Dieser Badeplatz ist ein irisches Kuriosum: ein steinbruchähnliches Meerbad zu Füßen des James Joyce Towers. Frauen war es lange Zeit verboten, hier zu baden, nun stürzen auch sie sich in die eisigen Fluten. Bis 9 Uhr morgens allerdings gehört der Ort ganz der nackten, meist betagten Männlichkeit.

Infos
Anfahrt: DART, Sandycove

Bray ▶ Karte 4

Das reizend altmodische Seebad mit viel viktorianischer Bausubstanz lohnt einen Familienausflug mit Strandspaziergang oder eine kleine Wanderung auf **Bray Head.**

An der Strandpromenade liegt das **National Sea Life Centre,** wo Irlands maritime Fauna kindgerecht und pädagogisch wertvoll in großen Aquarien präsentiert wird. Im Streichelteich können die kleinen Rochen, Krabben und Seeigel anfassen.

Infos
Öffnungszeiten: National Sea Life Centre, Strand Rd., www.visitsealife.com, März–Okt. tgl. 10–18, Nov.–Febr. Mo–Fr 11–17, Sa, So 10–17 Uhr, Erw. 11 €, Kinder 9 €.
Anfahrt: DART, Bray

Powerscourt House
▶ Karte 4

Das pittoreske, im 18. Jh. planmäßig angelegte **Enniskerry** scheint nur aus Tea Rooms zu bestehen. Kundschaft gibt es genug, denn **Powerscourt**

House and Gardens am Ortsrand gehören zu den bemerkenswertesten und meistbesuchten Gärten des Landes.

Das georgianische Herrenhaus, 1731 von Richard Castle erbaut, war nach dem verheerenden Brand 1974 lange Zeit eine dachlose Ruine. Nun thront es wunderbar restauriert über der Prachttreppe, von der man eine der schönsten Aussichten Irlands hat, die durch den in den Wicklow Mountains liegenden **Great Sugar Loaf** akzentuiert wird. Zum Shoppen und Speisen laden die **Avoca Handweavers** im Schloss ein (Tel. 01 204 60 70/66).

Die 20 ha umfassenden Gärten wurden von Richard Wingfield, dem Viscount of Powerscourt, in den 1740er-Jahren begonnen. Man findet einen statuengeschmückten italienischen und einen 1908 angelegten japanischen Garten, Irlands größten Friedhof für Kuscheltiere sowie ein besteigbares neogotisches Türmchen, den ›Pfefferstreuer‹. Etwa 5 km entfernt stürzt in der bewaldeten Domäne von Powerscourt der höchste **Wasserfall** Irlands 121 m tief zu Tal.

Infos

Öffnungszeiten: Powerscourt Estate, Tel. 01 204 60 00, http://powerscourt.com, Gärten tgl. 9.30–17.30 Uhr, Erw. 6,50 €, Kinder 3,50 €, Wasserfall tgl. Nov.–Febr. 10.30–16, März, April, Sept., Okt. 10.30–17.30, Mai–Aug. 9.30–19 Uhr, Erw. 5,50 €, Kinder 3,50 €.
Anfahrt: Bus 44 von Townsend St. nach Enniskerry

Glendalough ▶ Karte 4

Das Landschaftswunder des ›Tals der zwei Seen‹, gälisch Gleann da Locha, ist das Herz der **Wicklow Mountains** und ein Paradies für Wanderer. Die bis über 600 m hohen Granitrücken ragen steil um das von Eiszeitgletschern ausgeschürfte Tal des Glenealo und das Seitental seines Zuflusses Glendasan auf.

Im 6. Jh. ließ sich der hl. Kevin hier als Eremit nieder und bald bildete sich ein Kloster um seine Zelle. Kevins Gründung, die in ihrer Blütezeit vom 7. bis zum 13. Jh. bis zu 3000 Bewohner zählte – vom Mönch über Schüler bis zum Brotbäcker – war eine wahre Klosterstadt. Das Besucherzentrum am **Lower Lake** dokumentiert anschaulich das ›ora et labora‹ der Mönchsuniversität und zeigt das beeindruckende **Market Cross** aus dem 12. Jh.

Die Hauptdenkmäler am Lower Lake stehen romantisch inmitten von Grabsteinen aus dem 18. und 19. Jh. Wie ein angespitzter Bleistift ragt der markante **Rundturm** über 30 m hoch auf. Die **Kathedrale** aus dem 11./12. Jh., in der mehrere frühchristliche Kreuze und Grabsteine stehen, ist mit stolzen 15 mal 9 m zwar die größte Kirche in Glendalough, nach kontinentalen Maßstäben aber immer noch eher mickrig. **St. Kevin's Church,** früher zu Unrecht als ›des Heiligen Küche‹ *(kitchen)* bezeichnet, dürfte mit ihrem später aufgepfropften Rundtürmchen das bekannteste Gebäude hier sein.

Ungefähr 20 Min. läuft man von hier aus auf dem breiten Schotterweg durch moosbewachsenen Krüppeleichenwald zum **Upper Lake,** an dessen Ufer mehrere Kreuze, ein Steinfort, in dem wohl die Pilger Unterschlupf fanden, sowie die **Reefert Church** aus dem 11. Jh. erhalten geblieben sind. Der Blick vom Kiesstrand über den Upper Lake in das sich verengende Gletschertal gehört wohl zu den schönsten in Irland.

Infos

Öffnungszeiten: www.heritageireland.ie, Besucherzentrum tgl. Mitte Okt.–Mitte März 9.30–17, Mitte März–Mitte

Vor den Toren des oft verkehrsverstopften Dublin findet sich viel idyllische Natur wie hier um die St. Kevin's Kitchen Kirk in Glendalough

Okt. 9.30–18 Uhr, Erw. 3 €, Kinder 1 €. Die Denkmäler sind jederzeit kostenlos zu besichtigen. Website des National-parks: www.wicklowmountainsnationalpark.ie.
Anfahrt: St. Kevin's Bus tgl. 11.30 und 18, So März–Sept. (statt 18) 19 Uhr von Dawson St. Gegenüber Mansion House zum Besucherzentrum, www.glendaloughbus.com, Tel. 01 281 81 19, man zahlt im Bus, hin und zurück 20 €.

Howth ▶ Karte 4

Die gebirgige Halbinsel im Nordwesten von Dublin hat einen Hafen, der viel At-mosphäre bietet und einer der wich-tigsten Fischereihäfen Irlands ist. Vom East Pier mit einigen Fischläden, dessen Ende ein eleganter, georgianischer Leuchtturm ziert, legen im Sommer je-de halbe Stunde die Boote nach **Ire-land's Eye** ab, der Felsinsel 1 km vor dem Hafen. Von der spätgotischen **St. Mary's Church** hat man einen tollen Blick über den Hafen.

Sehr gut kann man Howth auf einer Wanderung erkunden. Der **Cliff Walk** beginnt am East Pier, wo die Balscad-den Road auf die Klippen hochführt. Nach etwa einer Stunde sieht man das **Baily Lighthouse** aus dem Jahr 1814 auf einem Felsvorsprung liegen. Wen hier die Kräfte verlassen, der geht über die als ›The Summit‹ ausgeschilderte Er-hebung im Rücken der Klippen zum Ha-fen zurück. Der Klippenweg führt weiter um Howth herum, insgesamt dauert die relativ leichte Wanderung vier Stunden.

Der 1850 angelegte Rhododendron- und Azaleen-›Urwald‹ **Howth Castle Gardens** ist vor allem zur Blüte Mitte Mai/Juni prächtig anzusehen. Mitten drin steht der steinzeitliche **Dolmen Aideen's Grave.**

Infos
Verkehr: DART, Howth

Malahide ► Karte 4

Der adrette Seebadeort Malahide ist ein unterhaltsamer Ausflug, vor allem für Familien mit Kindern. **Malahide Castle** wurde von 1185 bis 1976 durchgängig von der Familie Talbot bewohnt. Einzigartig sind der **Eichensaal** mit originaler Wandvertäfelung aus dem 16. Jh. sowie die mittelalterliche **Great Hall,** in der am Morgen der Schlacht am Boyne 14 männliche Talbots das letzte Frühstück ihres Lebens einnahmen.

Infos
Öffnungszeiten: Burg mit Führung tgl. 9.30–16.30, Nov.–März bis 15.30 Uhr, neue Ausstellung im Schloss, Eintritt Erw. 12 €, Kinder 6 €, www.malahidecastle andgardens.ie
Anfahrt: DART, Malahide

Newgrange und Knowth ► Karte 4

In einer weiten, sanft hügeligen Flussschleife des Boyne befindet sich das seit fast 6000 Jahren besiedelte, von der UNESCO zum Weltkulturerbe erklärte **Brú na Bóinne,** eine Ansammlung von über 50 prähistorischen Monumenten. Welchen Göttern, welchem Glauben die Bauerngemeinschaft anhing, welche Zeremonien in dem gigantischen Komplex abgehalten wurden, werden wir nie erfahren. Auf alle Fälle war der Kult um die Sippenahnen von zentraler Bedeutung.

Jeder Besuch beginnt im **Visitor Centre,** denn aus konservatorischen Gründen sind Newgrange und Knowth nur mit Pendelbussen zu besuchen. Da täglich nur bis zu 650 Besucher die Grä-

ber besichtigen dürfen, hat in der Saison nur der ›early bird‹ Chancen. Im Informationszentrum zeigt eine Ausstellung die schlichte Schönheit der megalithischen Kunst und das Alltagsleben der steinzeitlichen Bauern und Gräberbauer.

Weltweit bekannt ist der mächtige, weithin sichtbare **Grabhügel von Newgrange,** erbaut um 3000 v. Chr. In den grasbewachsenen Grabhügel aus Erde und Flusskieseln, 80 m im Durchmesser, führt ein 19 m langer, aus bis zu 2 m hohen Steinen gebildeter Gang. Die Grabkammer besitzt ein 6 m hohes, noch heute dichtes Kraggewölbe aus Trockenmauerwerk. Das spektakulärste Merkmal des Grabpalastes ist die vom Ausgräber Prof. O'Kelly entdeckte Steinbox über dem Eingang. Durch sie fällt zur dunkelsten Zeit des Jahres, zur Wintersonnenwende zwischen dem 14. und 28. Dezember, 17 Minuten lang ein Sonnenstrahl in die Grabkammer.

Der teilweise rekonstruierte **Grabhügel von Knowth** enthält zwei Ganggräber und ist von einem Kranz aus 19 Satellitengräbern umgeben. Möglicherweise ist dies die Grablege einer herrschenden Familie oder Sippe, um die sich auch im Tode das Gefolge schart.

Infos
Öffnungszeiten: Tel. 01 988 03 00 (Visitor Centre), www.heritageireland.ie, tgl. Febr.–April, Okt. 9.30–17.30, Mai 9–18.30, Juni–Mitte Sept. 9–19, Mitte–Ende Sept. 9–18.30, Nov.–Jan. 9–17 Uhr, Newgrange ganzjährig, Knowth April–Mitte Okt., letzte Tour 1,5 Std. vor Schließung, Besucherzentrum und beide Gräber Erw. 11 €, Kinder 6 €
Anfahrt: Shuttlebus nach Newgrange von Dublin Tourism, Suffolk St. (tgl. 9 und 11.30 Uhr), zurück 13 und 16 Uhr. Tickets im Bus oder Freephone 18 00 42 42 52, www.overthetoptours.com. Hin und zurück 17 €, eine Fahrt ca. 45 Min.

So entspannt geht es in einem Pub, dem verlängerten Wohn-zimmer der Dubliner zu: ein Schwätzchen halten, Sportveran-staltungen auf dem unverzichtbaren Flachbildfernseher gu-cken, ein gelungenes Geschäft begießen, seinen Hunger stil-len und natürlich Zeitung lesen – wie hier im McDaid's.

Übernachten

Ständig eröffnen in Dublin neue Hotels, eins schicker und luxuriöser als das andere, z. B. in den Docklands (G–J 4–5). Die Finanzkrise hat die Hotelpreise teils eklatant sinken lassen. Wie dauerhaft das ist, bleibt abzuwarten. Im Allgemeinen können Sie Zimmer mit eigenem Bad und WC, Telefon und Fernseher erwarten. Einzelzimmer (oft eine Person im DZ) sind nur unwesentlich günstiger als ein Doppelzimmer.

Bed and Breakfast
›B & B‹ heißt diese spezielle Unterkunftsart auf den britischen Inseln: Übernachtung mit Frühstück bei Privatpersonen. Privat sind die meisten allerdings schon längst nicht mehr, sondern werden eher semi-professionell betrieben. Unter 30 € bekommt man kaum noch etwas in Dublin. ›En suite‹ heißt eigenes WC und Bad direkt am Zimmer, ›private‹ bedeutet, dass die eigene Nasszelle etwa über einen Flur zu erreichen ist. Viele angenehme B & Bs liegen in den georgianischen und viktorianischen Vierteln Ballsbridge, Ranelagh und Rathgar im Süden, Dublins vornehmsten Adressen.

Budget Accomodation
Hostels verfügen meist nicht nur über Betten im Schlafsaal, sondern haben auch Zimmer für 1 und 2 Personen sowie Familienzimmer, oft ›en suite‹. Die im Folgenden aufgeführten Hostels bieten Küchenbenutzung, Fernsehraum,

Internetanschluss, Schließfächer für Gepäck/Wertsachen und ein kontinentales Frühstück.

Tarifdschungel
Die Divergenz der zeitlich gestaffelten Tarife ist oft ärgerlich: Sonntag bis Donnerstag ist es billiger, Freitag und Samstag bedeutet ›Partyzeit‹ – und bei Spezialevents in der Stadt muss man auch mit höheren Zimmerpreisen rechnen. Die teure Hochsaison läuft von Mai bis August/September, in den anderen Monaten gibt es häufig Sonderangebote.

Via Internet
Viele Hotels bieten Sonderpreise, wenn man über Internet bucht. Aber auch bei www.laterooms.com, www.hotels.com und vielen anderen Internetmaklern gibt es teils erhebliche Preisnachlässe. Wichtig ist ein Vergleich, z. B. auf www.tripadvisor.de.

Früh buchen
Für alle Feste und große Sportveranstaltungen kann man nicht früh genug eine Unterkunft buchen. Dies gilt vor allem für St. Patrick's Day (17. März), Bloomsday (16. Juni), Six Nations Rugby und die Hurling Finals. Auch an den Bank-Holiday-Wochenenden und im Juli/August gibt es Engpässe.

Reservierungszentrale
Dublin Tourism (s. S. 19) oder online unter www.visitdublin.com.

Günstig und nett

Beliebtes Hostel – **Avalon House:** ■
Karte 2, F 5, 55 Aungier St., Innenstadt, Tel. 01 475 00 01, www.avalon-house.ie, Luas: Green Line, St. Stephen's Green, Privatzimmer pro Person ab 34 €, im Schlafsaal ab 10 €. Zentrales, gut bewährtes und beliebtes Jugendhotel in einem viktorianischen Backsteinhaus mit Holzfußboden und hohen Decken. Die meisten der 2- und 4-Bettzimmer und die Einzelzimmer sind ›en suite‹, sprich sie verfügen über ein eigenes Badezimmer.

Beliebt und zweckmäßig – **Best Western Plus Academy Plaza:** ■ **G 4,** 10–14 Findlater Pl./off Upper O'Connell St., Tel. 01 878 06 66, www.academy plazahotel.ie, DZ ab ca. 105 €. Die Zimmer in diesem modernen Funktionshotel sind zweckmäßig und in freundlichen Farben gehalten. Ein großes Plus ist die zentrale Lage in unmittelbarer Nähe der O'Connell St. Es gibt eine Bar, einen kleinen Fitness-Raum und ein Restaurant, in dem morgens ein kaltes Frühstücksbuffet serviert wird.

Das Beste von Bewley's – **Bewley's Hotel Ballsbridge:** ■ **J 7,** Merrion Row/Ecke Simmonscourt Rd., Donnybrock, Tel. 01 668 11 11, www.bewleys hotels.com, DART: Sandymount Station, DZ ab 69 €, durchschnittlich ca. 100 €. 304 komfortabel und modern eingerichtete Zimmer in einem renovierten viktorianischen Großbau.

Über der Liffey – **Eliza Lodge:** ■
Karte 3, 23/24 Wellington Quay, Temple Bar, Tel. 01 671 80 44, http://eliza lodge.com, Luas: Red Line, Jervis, DZ ab 109 €. Guest House im zeitgenössischen Glas-Edelstahl-Stil. Holz, Betten für Rückenkranke und unaufdringliche Beige-Töne charakterisieren die Zimmer. Von den teuersten – und schönsten – Räumen oben im Penthouse, mit Panoramafenstern und Jacuzzi, schweift der Blick über die Liffey.

Jugendhotel mittendrin – **Kinlay House:** ■ **Karte 3,** 2–12 Lord Edward St., Temple Bar, Tel. 01 679 66 44, www.kinlaydublin.ie, Bus: Luas: Red Line, Jervis, Privatzimmer pro Person ab 25 €, im Schlafsaal ab 15 €. In dem großen, aparten Backsteingebäude gibt es En-suite-Zimmer und solche mit sanitären Anlagen auf dem Flur. Manche der Schlafsäle haben Holzdecken.

Budget-Design – **Leeson Inn Downtown:** ■ **G 6,** 24 Lower Leeson St., Ballsbridge, Tel. 01 662 20 02, www. leesoninndowntown.com, Luas: Green Line, Harcourt, DZ von 45–139 €. Das georgianische Haus von 1810 wurde 1999 komplett umgebaut. Die Zimmer sind in zeitgenössischem Stil möbliert – helle Wollweiß-Töne mit einigen Holzakzenten, ganz klare, schlichte Linien.

Preiswerte Familienhotels

Sowohl **Bewley's,** www.bewleyshotels.com, Zimmer ohne Frühstück für bis zu zwei Erwachsene und drei Kinder ca. 100 €, als auch **Jury's Inns,** www.jurysinn. com, Zimmer für zwei Erwachsene und zwei Kinder ca. 130 €, bieten in mehreren Häusern in Dublin und am Stadtrand ansprechend designte Kettenhotel-Unterkünfte. Die Zimmer sind im Allgemeinen freundlich und recht groß.

Super B & B – **Marble Hall:** ◼ **H 7,**
81 Marlborough Rd., Donnybrook, Tel.
01 497 73 50, www.marblehall.net,
Bus: 11, 11A/B/C, 44, 44B/C, DZ 80–
100 €. Nur drei (oft ausgebuchte) Räume hat diese Pension in einem georgianischen Reihenhaus, eingerichtet mit
Antiquitäten, Baldachinen über den Betten und eleganten dicken Vorhängen.
Das irische Frühstück genügt höchsten
Ansprüchen.

Echt privat – **Oak Lodge:** ◼ **H 7,** 4
Pembroke Park, Ballsbridge, Tel. 01 660
60 96, www.oaklodge.ie, Bus: 10, 46A,
DZ inkl. Frühstück 70–80 €. In dem kleinen Reihenhaus aus roten Ziegeln sind
viele der originalen viktorianischen
Charakteristika wie hohe Decken, Er-
kerfenster und große Spiegelkommo-
den noch vorhanden. Die Wirtin, Mrs.
Teresa Muldoon, gibt gerne Tipps für
die Stadterkundung.

Stilvoll wohnen

Stilsicher – **Aberdeen Lodge:** ◼ **J 7,**
53–55 Park Av., Ballsbridge, Tel. 01
283 81 55, www.aberdeen-lodge.com,
DART: Sydney Parade, DZ ab 149 €. Mit
Möbeln der Epoche eingerichtetes,
spätviktorianisches Stadthaushotel im
vornehmen Ballsbridge. Die Räume bieten Himmelbetten und elegante Bäder,
Gäste können die Sauna und den Pool
eines nahen Spa nutzen oder im Garten
auf Teakstühlen entspannen. Von dort
schweift der Blick über ein Cricket-Feld.

Alles andere als verstaubt – **Clontarf
Castle Hotel:** ◼ **K 3,** Castle Ave.,
Clontarf, Tel. 01 833 23 21, www.clon
tarfcastle.ie, DART: Clontarf Road, DZ
ab 119 €, Online-Angebote beachten!
Das Schlosshotel in einer 1172 von
Hugh de Lacy erbauten Burg hat eine

umwerfende Eingangshalle über mehrere Stockwerke mit umlaufenden Holz-
galerien und Wandbehängen. Überall
gehen moderne Akzente eine gelungene Synthese mit Ritterrüstungen und
anderen mittelalterlichen Features ein.

Georgianisches Stadthaus – **Harring-
ton Hall:** ◼ **G 6,** 70 Harcourt St.,
Ballsbridge, Tel. 01 475 34 97, www.
harringtonhall.com, Luas: Green Line,
Harcourt, DZ ab ca. 90 €. Hohe, stuck-
verzierte Decken, Lüster, halbbogige
Sprossenfenster, Wandfarben in Blau,
Gelb, Rot, dicke Vorhänge, geräumige
Zimmer – Wohnen wie in georgiani-
scher Zeit, beinahe zumindest, denn
Gott sei Dank sind alle zeitgenössi-
schen Annehmlichkeiten vorhanden.

Business-Hotel in den Docklands –
Maldron Hotel: ◼ **H 5,** Cardiff Lane,
Sir Rogerson's Quay, Tel. 01 643 95 00,
www.maldronhotelcardifflane.com, DZ
ca. 110 €. Das vor wenigen Jahren gebaute Großhotel in modernem Design
liegt nur wenige Meter vom Grand Canal Theatre entfernt. Großes Plus sind
Sauna und Swimming-Pool – an die Ba-
demütze denken.

An der Speerspitze des Trends – **The
Morrison:** ◼ **Karte 2, F 5,** Lower Or-
mond Quay, Innenstadt, Tel. 01 887 24
00, www.morrisonhotel.ie, Luas: Red
Line, Jervis, DZ ab 180 €. In diesem Zeit-
geisttempel, entworfen von John Rocha, steigen VIPs und ganz normale
Menschen mit dicken Brieftaschen ab.
Aromatherapie in den Bädern, Macs in
den Zimmern, Mokka-Beige-Töne –
durchdachtes Design von der hippen
Bar bis zum Halo-Restaurant.

Luxus-B & B – **Number 31:** ◼ **G 6,**
31 Leeson Close, Ballsbridge, Tel. 01
676 50 11, www.number31.ie, Luas:

Green Line, Charlemont, DZ inkl. Frühstück ab 175 €. In dem mehrfach preisgekrönten Guest House gehen Moderne und georgianische Tradition eine gelungene Verbindung ein. Genial ist der in den Boden eingelassene Sitzbereich im modernen Kutschhaus, ein Annex, das von Sam Stephenson gestaltet worden ist. Drinks kann man in der Spiegelbar, das Frühstück im Wintergarten einnehmen. Die Zimmer sind sehr unterschiedlich, manche auch sehr klein – am besten schaut man sie sich vorher an.

Nicht nur für Business-Traveller – **The Spencer:** ■ **H 4,** Excise Walk, Docklands, Tel. 01 433 88 00, www.the spencerhotel.com, Luas: Red Line, Mayor Sq., DZ ca. 150 €. Ein Flaggschiff der postmodernen Docklandarchitektur, hell, offen, gläsern, mit edlen Materialien eingerichtet. Die Zimmer sind recht klein, die Suiten mit Liffey-Blick schöner und größer. In allen Zimmern gibt es ein Einschlafprogramm mit Seetangextrak-

ten und dampffreie Spiegel! Nicht nur Geschäftskunden frequentieren das Kudos Restaurant mit viel Glas und Holz. Extrabonbon: Benutzung des Sanovitae-Fitnesszentrums mit Pool, Sauna, Whirlpool und Fitnessgeräten.

Fünf Sterne zentral – **The Westbury Hotel:** ■ **G 5,** Grafton St., Tel. 01 679 11 22, www.doylecollection.com, DZ ab ca. 220 €, Luas: Green Line, St. Stephen's Green. Das Westbury gehört zu den »Leading Hotels of the World«, sodass man beim Luxus keinerlei Abstriche machen muss. Die Zimmer sind recht geräumig, sehr hell und mit dezenten Annehmlichkeiten wie irischer Leinenbettwäsche ausgestattet. Im Gourmet-Restaurant Wilde The Restaurant, das zwischen modern und Art-Déco changiert, wird das Angus-Beef vor dem Essen auf silbernen Tabletts präsentiert. Fitness-Raum mit Sauna und Dampfbad, Champagner in der Marble Bar und 24-Stunden-Concierge-Dienst vervollständigen das Angebot.

Die Betten bekommen den letzten Schliff, ehe die Gäste die Zimmer im Morrison beziehen

Essen und Trinken

In Dublin kann man ausgezeichnet speisen, vom Snack bis zum Gourmetmenü. Die Köche kombinieren gekonnt die Geheimnisse der fernöstlichen und mediterranen Kochkunst mit den frischen Produkten, die Irlands Meer und Land hergeben: **Fusion Food** oder **Crossover** heißt diese zeitgenössische Verbindung.

Pub Grub

Daneben existiert auch noch die fettige, frittenverliebte englische Gasthausküche mit ihrer Salzphobie, ihren schwer verdaulichen Nierenpasteten und blutigen Rindfleischlappen. Spaghetti mit Fritten, Pizza mit Fritten, Steak mit Fritten, das ist ›Bar Food‹. Die schnellen Tellergerichte werden mittags und frühabends in Pubs serviert und sind bei den Dubliner Berufstätigen sehr beliebt. Man bestellt, zahlt und holt sich die Teller an der Theke ab. Das geht schnell und schont den Geldbeutel: Tellergericht ab 9 €.

Frühstück

Englands Erbe spiegelt sich auch im reichhaltigen **Full Irish Breakfast.** Nach Obstsaft und Müsli kommt der warme Teil, bestehend aus Spiegelei, Würstchen, Speck, Pilzen, Tomaten, Leber- und Blutwurst. Dem folgen Toast mit gesalzener Butter und Orangenmarmelade, dazu Tee oder Kaffee. In teureren Unterkünften gibt es darüber hinaus Minutensteaks, Lachs mit Rührei, in Honig geröstete Pampelmusen, heißen Räucherfisch oder ein Büffet.

Fine Dining

In den besseren Restaurants erwartet man auch bessere Kleidung, und in den angesagten Locations fühlt man sich einfach besser, wenn man sich ein wenig aufpeppt. Im Allgemeinen herrscht aber selbst in den Gourmettempeln eine zwanglose, entspannte Atmosphäre.

Die Gänge werden im Vergleich zu Frankreich rasch hintereinander serviert. In den meisten Restaurants heißt es: ›Please wait to be seated‹: ›Bitte warten Sie, bis man Ihnen einen Tisch zuweist.‹

Spartipps

Lunchen ist in der gehobenen Gastronomie deutlich preiswerter als das Abendessen. Viele Restaurants bieten ein frühes, preiswertes sog. Pre-Theatre-Menu an, das meist zwischen 17.30 und 19 Uhr serviert wird und aus zwei oder drei Gängen besteht. Zahlreiche Cafés, Delis, Sandwich-Bars, Fish'n' Chipper und vegetarische Imbisslokale bieten preiswerte Alternativen zum Restaurant. Für Kaffee – oder besser Tee – und Kuchen geht man in einen Tea Room, doch der Übergang zum ›Café‹ mit Mittagssnacks ist fließend.

Praktische Infos

Kernöffnungszeiten sind 12–14 und 18.30–22 Uhr, Do–Sa ist meist länger geöffnet. Sonntags und samstagmittags ist oft geschlossen. Die Preise in Dublin sind auch nach der Finanzkrise noch gepfeffert: Für ein Drei-Gang-Abendessen im moderaten Bereich zahlt man pro Person nicht unter 30 €, in einem Gourmetladen ab 60 €. Rechtzeitige Reservierung fürs Abendessen ist angesichts der im Allgemeinen gut verdienenden, ausgehfreudigen Dubliner und der zahlreichen Touristen dringend zu empfehlen, wenn man ein bestimmtes Restaurant im Auge hat.

Irische Küche

In den letzten Jahren tauchen in den Menüs, bzw. auf den Speisekarten von Gastro-Pubs und schicken Cafés immer mehr – zeitgenössisch interpretierte – Speisen der irischen Traditionsküche auf. Dazu zählen etwa *Irish Stew* oder *Bangers and Mash*.

Essmeilen

Temple Bar (► Karte 3) hat eine große Konzentration von Restaurants, Brasserien und Bistros aller Preiskategorien. Viele mittelpreisige und preiswerte kleine Restaurants mit irisch-französischer oder Nationalitätenküche befinden sich in dem neuesten In-Viertel zwischen **Grafton und South Great George's St.** (► G 5). Eine gute Adresse für mittel- bis höherpreisige Restaurants mit traditionellem Flair, oft in den Basements der historischen Stadthäuser, ist die **Südstadt**. In den **Docklands** (► G–J 4–5) wachsen trendige Restaurants wie Pilze aus dem Boden. Die **O'Connell St.** (► G 4) bietet Burgerrestaurants und Schnellimbisse.

In vielen Hotels gibt es gefeierte Esstempel wie den Tea Room im Clarence-Hotel, die mit Michelin-Sternen bedachten Restaurants Thornton's im Fitzwilliam Hotel sowie Patrick Guilbaud im Merrion Hotel oder das trendige Halo im Morrison Hotel (s. S. 91).

Cafés und Tea Rooms

Lunch und Mode – **Avoca**: s. S. 44. Das Eldorado der irischen Feinkost bietet auch Snacks zum Mitnehmen.

Ikone der Kaffeehaus-Kultur – **Bewley's Oriental Café:** ■ **Karte 2, G 5,** s. S. 45. Eine Kaffeehaus-Institution mitten im Einkaufszentrum.

Gourmet-Café – **Brother Hubbard:** ■ **F 4/5,** 153 Capel St., Tel. 01 441 11 12, http://brotherhubbard.ie, Mo–Fr 8–17.30, Sa, So 10–17 Uhr, Brunch ca. 10 €. Die Kritiker überschlugen sich vor Lob über dieses brandneue kleine Café hinter seiner grauen Holzfassade, das – selten geworden in Dublin – keiner Kette angehört. In gemütlich-moderner Holzeinrichtung kommen schmackhafte Salate, Sandwiches und Kuchen auf den Tisch. Der Brunch an Samstagen und Sonntagen ist ein wenig opulenter als das Werktagsmenü. Wie wäre es mit einem Salat aus rotem und weißem Kohl, mit Zwiebeln, Möhren, Tahini-Dressing und frischem Dill? Einem Semolina-Pfannkuchen, einem mittelöstlich inspirierten Frühstücksteller, einem Croque Monsieur? Wartezeit einkalkulieren – Qualität spricht sich herum, auch wenn die Capel Street nicht eben zu den besseren Stadtlagen gehört.

Restaurant über Feinkostladen – **Fallon & Byrne:** ■ **Karte 2, F 5,** 11–17 Exchequer St., Innenstadt, Tel. 01 472 10 10, www.fallonandbyrne.com, Luas: Red Line, Jervis, Restaurant Mo–Sa 12–15, So 12–16, So–Di 18–21, Mi, Do 18–22, Fr, Sa 18–23, Food Hall Mo–Fr 8–21, Sa 9–21, So 11–19 Uhr, Hauptgericht ca. 23 €. Im Erdgeschoss steht unter gusseisernen Säulen in diesem wahren Feinkost-Emporium alles, was der Gourmet zum Kochen und Mitneh-

Das Bewley's Oriental Café mit seinem historischen Ambiente ist eine Dubliner Institution

men braucht. An Stehtischen kann man Lasagne und preiswertere kleine Speisen zu sich nehmen. Das luftig-moderne Restaurant im 1. Stock bereitet Burger, Salate, Austern und zeitgenössische Speisen zu.

Beliebtes Café – **Queen of Tarts:** ■ **Karte 3,** 4 Cork Hill, Temple Bar, Tel. 01 670 74 99, www.queenoftarts.ie, Luas: Red Line, Four Courts, Mo–Fr 8–19, Sa 9–19, So 10–18 Uhr. Zum Frühstück Kartoffelkuchen, zum Lunch Quiches und Tartes, zum Kaffee eine fantastische Auswahl an Kuchen und Törtchen. Der verführerische Duft frischer Backwaren durchzieht das Café – unbedingt empfehlenswert.

Gourmet-Lokale

Fisch trendig – **Aqua Restaurant:** 1 West Pier, Howth, Tel. 01 832 06 90, www.aqua.ie, DART: Howth, Mo–Sa 12.30–15.30, 17.30–22, So 12–17

(Brunch), 17.30–20.30 Uhr, 3-Gang-Mittagsmenü 23,95 €, abends Hauptgericht ca. 27 €. Wasser – der Name ist Programm. Durch die Panoramafenster kann man sportiven Jollen und protzigen Motorjachten im blauen Meer vor dem Inselchen Ireland's Eye zusehen. Innen ist es minimalistisch beige-braun, mit einsehbarer Küche. Was die Fischer draußen fangen – Krabben, Hummer, Seezunge und Co. – wird von Starkoch Brian Daly zeitgenössisch verfeinert: Jakobsmuscheln mit Spargel und orientalischem Dressing, Schwertfisch mit Ingwer-Paprika-Soße. Natürlich gibt es auch Lamm und Wild und eine große Auswahl erstklassiger Weine.

Seit Jahren ein Michelin-Stern – **Chapter One:** ■ **F 4,** 18/19 Parnell Square, Innenstadt, Tel. 01 873 22 66, www.chapteronerestaurant.com, Luas: Red Line, Abbey St., Di–Fr 12.30–14, Di–Sa 19.30–22.30 Uhr, 3-Gang-Menü mittags 36,50 €, 4-Gang-Dinner

70 €. Im Basement des Writers Museum (s. S. 36) wurden die georgianischen Steingewölbe mit moderner Einrichtung harmonisiert. Seit Jahren wird hier irisch-französische Küche mit Betonung auf irischen und ökologisch produzierten Produkten zelebriert.

Feinschmecker-Institution – **L'Ecrivain:** ◼ **G 6,** 109a Lower Baggot St., Innenstadt, Tel. 01 661 19 19, www.lecrivain.com, Luas: Green Line, St. Stephen's Green, Di, Fr 12.30–14, Mo–Sa 18.30–22 Uhr, 3-Gang-Menü abends 75 €. In der eleganten, dezent modernen Einrichtung fühlt man sich auf Anhieb wohl. An den Wänden hängen Porträts irischer Schriftsteller. Besonders schön sind die Tische auf der Empore. Derry Clarke regiert über eine der besten französisch-irischen Küchen Dublins, mit einem Michelin-Stern bekrönt. Berühmt sind die irischen Meeresfrüchte wie Galway-Austern, Lachs und Garnelen und das Cheeseboard mit heimischem Käse, z. B. warme Galway-Austern mit Vanille-Champagner-Creme und Sevruga-Kaviar. Besser kann man die spezifisch irischen Produkte nicht mit den Finessen aus der großen Welt der Kochkunst vereinen.

Gut und günstig

Chinesisch trendig – **Café Mao:** ◼ **Karte 2, G 5,** 2 Chatham Row, Innenstadt, Tel. 01 670 48 99, www.mymao.ie (Lieferservice), Luas: Green Line, St. Stephen's Green, Mo, Di 12–22, Mi–Sa 12–23, So 13.30–21 Uhr, ca. 15 €. Kein originaler Chinese, sondern überwiegend asiatisch inspiriertes Fusion Food kommt hier auf formschönem weißem Geschirr daher. In der einsehbaren Küche im Erdgeschoss lodern schon mal die Flammen aus Woks und Pfannen. Die Speisen wie das malaysische Hühnchen in Kokossoße sind tadellos und schmackhaft, die schlichte Einrichtung in den vier Kardinalfarben hat Anklänge an eine – nette – Mensa. Maos Kopf auf Warhol-Kunstdrucken und dem gleichnamigen Bier, Volkes Wahl, ist der namengebende Clou.

Hier ist der Elefant los – **Elephant & Castle:** ◼ **Karte 3,** 18 Temple Bar, Temple Bar, Tel. 01 679 31 21, www.elephantandcastle.ie, Luas: Red Line, Jervis, Mo–Fr 8–23.30, Sa, So 10.30–23.30 Uhr, Burger ca. 13 €. Dieser Klassiker von Temple Bar serviert Frühstück, Salate, Pasta, Omelettes, alles, was gebraten wird wie Steaks und Chicken Wings sowie die Spezialität des Hauses, Burger. Es geht laut, entspannt und kinderfreundlich zu.

Italienische Kleinigkeiten und Wein – **Dunne & Crescenzi:** ◼ **Karte 2, G 5,** 14–16 South Frederick St., Innenstadt, Tel. 01 675 98 92, www.

Museumscafés und nette Kettencafés

In den Cafés der **National Gallery** (s. S. 80), des **National Museum** (s. S. 41), der **Hugh Lane Gallery** (s. S. 78), des **Irish Museum of Modern Art** (s. S. 80) und der **Chester Beatty Library** (s. S. 59) bekommt man ganztägig Kaffee und Kuchen und mittags preiswertes Essen wie Suppen, Salate, Quiches, kleine Tellergerichte und Nachtische. Die Speisen sind in der Regel frisch und selbst gekocht. **Kaffe Mokka** und **Léon** sind zwei Café-Ketten mit mehreren Niederlassungen in Dublin.

dunneandcrescenzi.com, Luas: Green Line, St. Stephen's Green, Mo–Sa 8 Uhr bis spät, So ab 9.30 Uhr, ca. 16 €. Ein echtes italienisches Café in Dublin: In zwei Lokalen nebeneinander sitzt man zwischen hohen Regalen mit Weinflaschen und Nudelpackungen an braunen Holztischen wie in einem edlen Delikatessenladen. Es gibt Antipasti wie Tomaten mit Mozarella und Räucherwaren, Pasta, Salate, Panini und natürlich italienischen Wein und Kaffee.

Feinkost-Mall – **Epicurean Food Hall:** ■ **Karte 2, F/G 4,** 46 Middle Abbey St., Innenstadt, Luas: Red Line, Jervis, www.epicureanfoodhall.com, Mo–Sa 9–20, So 11–20 Uhr. Rund um die Atrium-Markthalle mit Tischen und Stühlen bieten Kaffeebars, italienische, brasilianische, türkische und japanische Restaurants sowie eine Dependance des Fish'n'Chipper Leo Burdock's so ziemlich alles aus der Welt des schnellen Essens an. Da die Dubliner wissen, dass man hier gut einkauft und luncht, ist es mittags proppenvoll.

Hamburger – **Jo'Burger:** ■ **F 7,** 137 Rathmines Rd., Rathmines, www.joburger.ie, Tel. 01 491 37 31, Luas: Green Line, Harcourt, Mo–Do 12–22, Fr, Sa 12–22.30, So 12–21 Uhr, Burger 8,95–12,50 €. Burger in allen Variationen, z. B. mit Green Thai Curry Mayo. Die Studenten stehen Schlange, um einen Platz an den langen Gemeinschaftstischen im funkigen Interieur mit Retro-Touch zu bekommen. Da abends DJs auflegen, ist es kein allzu ruhiger Ort.

Authentisch nepalesisch – **Monty's of Kathmandu:** ■ **Karte 3,** 28 Eustace St. Temple Bar, Tel. 01 670 49 11, www.montys.ie, Luas: Red Line, Jervis, Mo–Sa 12–14, 17.30–23, So 17.30–

22.30 Uhr, 16–26 €. Dieses unprätentiöse, nepalesische Restaurant wurde schon mit vielen Preisen dekoriert. Man isst auf zwei ohne allzuviel Ethno-Schnickschnack eingerichteten Etagen. Von vielen Gourmetkritikern bewundert ist die Vorspeise ›Kachela‹: rohes Lammfilet, mariniert in Knoblauch, Ingwer und Gewürzen. Die Gewürzmischungen werden täglich frisch von dem aus Nepal stammenden Personal zubereitet. Selbst John Travolta und Bono ließen sich schon von den würzigen Fleischgerichten ›befeuern‹.

Nudeln – **Wagamama:** ■ **Karte 2, G 5,** South King St., Innenstadt, Tel. 01 478 21 52, www.wagamama.ie, Luas: Green Line, St. Stephen's Green, tgl. 12–22 Uhr, *Ramen wagamama* (Nudeln mit Gemüse, Hähnchen, Krabben) 14,75 €. Diese Niederlassung einer internationalen Kette bietet eine gigantische Auswahl an Nudelgerichten aus aller Welt. Gut, dass auf der Speisekarte auch steht, was z. B. ein *Teppan* ist (nämlich gegrillte Nudeln). In dem mensa-ähnlichen Interieur möchte man nicht unbedingt den ganzen Abend verbringen.

Pubs

Siehe auch »Ein Pint geht noch – Pubtour durch die City«, S. 38.

In Oyster Stout gegarte Würste – **Porterhouse:** ■ **Karte 3,** 16 Parliament St., Temple Bar, Tel. 01 679 88 47, www.porterhousebrewco.com, Luas: Red Line, Jervis, Mo–Mi 11.30–23.30, Do bis 2, Fr bis 2.30, Sa 12–2.30, So 12.30–23 Uhr, ca. 12 €. Auf drei rustikal-holzig-modern eingerichteten Etagen, die den Blick auf das kupferne Brau-Equipment freigeben, erstreckt sich dieser stets proppevolle Pub der Mikrobrauerei. Vor Ort werden die Hopfenspezialitäten gebraut, etwa das leicht fischig schmeckende Oyster Stout – kein Wunder, es wird tatsächlich mit Austern gebraut. Rustikal und reell ist auch das Bar Food, z. B. Irish Stew, Salate, Chicken Wings oder in Oyster Stout gegarte Würste. Häufig spielen ab 21.30 Uhr Livebands, der Eintritt ist frei.

Traditionelles Pub Grub – **Stag's Head:** ■ **Karte 2, F/G 5,** 1 Dame Court, Innenstadt, Tel. 01 679 37 01, Luas: Green Line, St. Stephen's Green, Mo–Do 10.30–23.30, Fr, Sa bis 0.30, So 12–23.30 Uhr, Essen 12–15, 17–19 Uhr, ca. 12 €. Die rote Ziegelfassade mit grün gestrichenen Erkerfenstern und Säulchen ist eine Augenweide. Der 1770 gegründete und 1895 viktorianisch umgebaute Trinkpalast gilt vielen als der Archetyp eines Pubs: drei Etagen mit Winkeln und Räumchen, durch und durch viktorianisch die bunten Glasfenster, kirchlich anmutenden Schnitzkunstwerke und glänzenden Messingapplikationen. Leitmotiv vom Pflastermosaik bis zum ausgestopften Kopf über der Bar ist der namengebende Hirschkopf. Hier essen die Angestellten, Studenten und Banker der City mittags ihr Pub Grub: Würstchen und Kartoffelpüree, Schinken und Kohl mit Kartoffeln, Truthahn und Schinken – kein Gourmettreff, sondern real existierende irische Küche. Donnerstag- und freitagabends gibt es Livemusik.

Szene und Ambiente

Trendrestaurant vom Sternekoch – **Cleaver East:** ■ **Karte 3,** 6–8 East Essex St., Temple Bar, Tel. 01 531 35 00, http://cleavereast.ie, Mi–Sa 12.30–14.30, Mo–Sa 17.30–22.30, So Brunch

12–16 Uhr, Tasting plates 7–14 €. Oliver Dunne führt in dem U2 gehörenden Luxushotel Clarence ein spannendes Restaurant, in dem man sich mehrere für den ganzen Tisch servierte ›Probierteller‹ aussuchen kann, die kleinere Portionen als im üblichen Gängemenü haben. Das Design auf mehreren Ebenen mit riesigen Lederstühlen, zentraler Bar und eindrucksvollen Fenstern wirkt sehr hip, vielleicht ein bisschen düster. Exzellente Küche bei einem Trendsetter, der der Meute immer ein Stück voraus ist.

Trendige Weinbar – **Ely Wine Bar & Restaurant:** ■ **Karte 2, G 5,** 22 Ely Pl., Innenstadt, Tel. 01 676 89 86, www.elywinebar.ie, Luas: Green Line, St. Stephen's Green, Mo–Do 12–23.30, Fr 12–0.30, Sa 13–0.30 Uhr, 15–25 €, Glas Wein 7–10 €. Die gut angezogenen Gäste und das freundliche Personal dieser Weinbar in Erdgeschoss und Keller eines georgianischen Stadtpalais' sind gut drauf. Dunkelbrauner Holzfußboden, Lederbank, Ziegelwände schaffen eine Höhlenatmosphäre, so gemütlich, wie Design sein kann. Besonders schön ist die von Weinflaschen-Regalen umgebene Bar. Die Auswahl an Weinen, auch offen, ist immens, und das Fleisch kommt von der eigenen biologisch arbeitenden Farm im Burren. Perfekt und im weitesten Sinne ›irisch‹ zubereitet landen Jakobsmuscheln, Nudelgerichte, Irish Stew mit Lamm oder Würstchen mit Kartoffelpüree auf den dunklen Holztischen. Im neuesten Trend liegen die Filialen im chq und in den Docklands.

Preisgekrönter Gastro-Pub – **The Exchequer:** ■ **Karte 2, F 5,** 3–5 Exchequer St., Innenstadt, Tel. 01 670 67 87, www.theexchequer.ie, Luas: Green Line, St. Stephen's Green, Essen Mo–Mi 12–16, 17–21.30, Do, Fr bis 22, Sa 12–

15.50, 17–22, So 12–15, 17–20 Uhr, Hauptgericht ca. 16 €. Nur von lokalen Betrieben, gern auch organisch, stammen die zeitgenössisch zubereiteten Speisen in dem modern, aber nicht zu minimalistisch eingerichteten Pub.

Stylischer Inder – **Rasam:** ■ **südl. K 6,** 18–19 Glasthule Rd., Dun Laoghaire, Tel. 01 230 06 00, www.rasam.ie, Mo–Sa 17.30–22.30, So 17–22 Uhr, Hauptgericht ca. 20 €. Das Flair ist modern-kosmopolitisch mit dunklen Möbeln im Kolonialastil. Viele Dubliner und Gourmetkritiker halten das Rasam – *rasam* ist eine südindische Suppe aus Tamarindensaft, Linsen, Tomaten und je der Menge Gewürzen – für das beste in dische Restaurant in Dublin. Die Gewürzmischungen werden vor Ort gemischt, geröstet und gemörsert, im Tandoori-Ofen brutzeln Fleischspieße und auch für Vegetarier ist gut gesorgt.

Hippe Brasserie – **Sixty6:** ■ **Karte 2, F 5,** 66 South Great George's St., Innenstadt, Tel. 01 400 58 78, www.brasseriesixty6.com, Luas: Red Line, Jervis, Mo–Fr 12–16 Lunch, Dinner 16 bis spät, Sa, So 16.30 Uhr bis spät, Hauptgericht ab 15,50 €, 21 Tage abgehangenes Filet vom Hereford Beef 32,90 €. Das durchdachte Innendesign mit Porzellantellern an der Wand und offengelegten Entlüftungsrohren um die Bar bietet ein gemütlich-stilvolles Ambiente. Die innovative Küche bleibt ihrer Bodenständigkeit verbunden.

Typisch Dublin

Französische Brasserie – **L'Gueuleton:** ■ **Karte 2, F 5,** 1 Fade St., Innenstadt, Tel. 01 675 37 08, www.lgueuleton.com, Luas: Green Line, St. Stephen's Green, Mo–Sa 12.30–15.30,

17.30–22, So 12–15.30, 17.30–21 Uhr, ca. 23 €. Reservieren kann man in diesem stets brummenden Bistro nicht, doch wenn man gegen 18 Uhr vorbeischaut, wird man zurückgerufen, wenn ein Tisch frei wird. Zwei im Vintage-Stil eingerichtete Räume mit eng gestellten Bistrotischen und hoher Decke flankieren die Bar und die offene Küche. Auf der kleinen Speisekarte stehen handfeste Gerichte wie Zwiebelsuppe und Entrecote. Denselben Besitzern gehört Hogan's Pub nebenan.

Dubliner Restaurant-Kette – **Marco Pierre White Steakhouse & Grill:** ■ **Karte 2, G 5,** 51 Dawson St., Tel. 01 677 11 55, www.marcopierrewhite.ie, Luas: Green Line, St. Stephen's Green, tgl. 12/So 13–14.30, 18.30–22, Fr, Sa bis 23 Uhr, Hauptgericht ca. 27 €. Das Dubliner Familienunternehmen Fitzers betreibt dieses In-Restaurant zusammen mit dem britischen Starkoch Marco Pierre White. In stylischem Holz-und-Leder-Ambiente in gedeckten Tabaktönen werden Steaks und moderne irische Küche serviert. Äußerst begehrt bei den vielen Stammgästen sind die Tische draußen.

Unschlagbares Preis-Leistungs-Verhältnis – **O'Connell's:** ■ **H 7,** 135 Morehampton Rd., Donnybrook, Tel. 01 269 61 16, www.oconnellsdonnybrook.com, Bus 46A von Kildare St. nach Morehampton Rd./Junction Brendan Rd., Mo 17–21, Di–Sa 12–22, So 12.30–15.30, 16.30–19.30 Uhr, Early-Bird-3-Gang-Dinner ab 27 €. Hier kommen nur ohne Glutamat und biologisch produzierte irische Zutaten auf den Tisch. Der große Saal mit viel Holz weist eine gemütliche Bistro-Atmosphäre auf. Sehr beliebt ist das Sonntagsbuffet, bei dem man von Lammragout und Lachs bis zu Schokoladenmousse und Trifle für

Zur guten irischen Küche gibt es ein dunkles Bier – in diesem Fall ein Murphy's

27,65 € (Kinder zahlen 1,65 € pro Lebensjahr) meist mehr isst, als man sollte.

Mit mediterranem Touch – **Roly's Bistro:** ◼ **H/J 6,** 7 Ballsbridge Terrace, Ballsbridge, Tel. 01 668 26 11, www. rolysbistro.ie, DART: Lansdowne Station, tgl. 12–15, 17.45–22 Uhr, Dinner ca. 45 €. Die weiß gedeckten Tische leuchten förmlich in dem in Gelb- und Rottönen gehaltenen Restaurant. Bei diesem archetypischen ›Neighbourhood Bistro‹ läuft ohne Reservierung nichts. Die Speisen sind schnörkellos irisch mit mediterranem Touch. Das sensationelle, selbst gebackene Brot gibt es auch zum Mitnehmen.

Ein Wunder an Beständigkeit und Qualität – **101 Talbot:** ◼ **Karte 2, G 4,** 100/102 Talbot St., Innenstadt, Tel. 01 874 50 11, www.101talbot.ie, Luas: Red Line, Abbey St., Di–Sa 12–15, 17–23 Uhr, Hauptgericht ca. 17,50 €. Ein lebhaftes, lässiges Bistro für Jung und Alt mit Kunst an den Wänden und Zeitungen für die Gäste. Auf der kleinen

Tageskarte steht exzellente Fusion-Küche ohne Chichi. Die Preise sind mehr als fair. Vegetarier wie Liebhaber kaloriengesättigter Schokodesserts kommen hier auf ihre Kosten.

Vegetarisch

Alternative Institution – **Cornucopia:** ◼ **Karte 2, G 5,** 19 Wicklow St., Innenstadt, Tel. 01 677 75 83, www.cornucopia.ie, Luas: Green Line, St. Stephen's Green, Mo, Di 8.30–21, Mi–Sa 8.30–22.15, So 12–21 Uhr, Hauptgericht mit Salat ca. 12 €. Absolut beliebtes Bistro mit Holzeinrichtung. Linsen und Suppen, alles ist sehr gesund.

Geführt von Hare Krishna – **Govinda's:** ◼ **Karte 2, F 5,** 4 Aungier St., Tel. 01 475 03 09, www.govindas.ie, Luas: Green Line, St. Stephen's Green, Mo–Sa 12–21 Uhr, ca. 9 €. Vegetarisches Café mit alternativer Anmutung, man kann zwischen zwei Tellergrößen fürs Buffet wählen.

Einkaufen

Die Zeiten, als man in Dublin mit Strick-pullovern und Waterford-Kristall abge-speist wurde, sind vorbei. Heute lockt eine bunte, kosmopolitische Ladenwelt. An Cafés und Bistros für eine Ver-schnaufpause zwischendurch herrscht auch kein Mangel …

Termine

Beim Ausverkauf *(sale)* im Jan./Febr. und Juli/Aug. gibt's vieles bis um die Hälfte billiger. Kernöffnungszeiten sind 10–18 Uhr, der lange Donnerstag bis 20/21 Uhr hat sich fast überall durch-gesetzt. Viele Geschäfte im Shopping-Viertel zwischen South Great George's St. und Grafton St. öffnen auch So 12–18 Uhr.

Shopping-Zentren

Grafton Street (▶ G 5): Traditionelle Geschäfte und globale Labels säumen Dublins Haupteinkaufsmeile (s. S. 44).
Zwischen South Great George's und South William Street (▶ F–G 5): Hier geht es in vielen Bekleidungs- und Accessoires-Boutiquen und den dazugehörigen Bars und Cafés zeitge-mäßer mit deutlichem Design-Touch zu (s. S. 46).
South City Market (▶ F–G 5): Günstig von Fernost bis Second Hand (s. S. 47).
Powerscourt Townhouse (▶ G 5): Galerien, Irish Design Centre für Damen-bekleidung, Geschäfte mit altem Silber, Schmuck und Porzellan, Cafés/Restau-rants in überdachter Mall (s. S. 45).

Temple Bar (▶ Karte 3): Neben Gale-rien, Restaurants und Pubs der eine oder andere ausgefallene Laden. Die Cow's Lane bietet eine dichte Ansamm-lung von Inneneinrichtungsläden.
Nassau Street (▶ G 5): Hier konzen-trieren sich jede Menge Souvenir- und Designgeschäfte.
O'Connell Street (▶ G 4): Im unteren Abschnitt und ihrem westlichen Ab-zweig, der Henry Street und Mary Street, reiht sich ein Kaufhaus/Ein-kaufszentrum an das andere, z. B. Pen-ney's, Dunnes Stores, Clerys, Jervis Cen-tre, ILAC Shopping Centre. Hier kaufen die Dubliner mit Durchschnittseinkom-men ein.
Convenience Stores: An Grafton (▶ G 5), Dame (▶ F–G 5) und O'Connell St. (▶ G 4) gibt es bis Mitternacht geöff-nete Läden für alles Lebensnotwendige.
Buchhandlungen konzentrieren sich südlich von Trinity College (▶ G 5).
Antiquitäten: Zentrum ist die Francis Street (▶ F 5). In der Clanbrassil Street (▶ F 6) gibt es preiswertere Trödelläden (Bric-a-Brac-Shops).

Flughafen-Shopping

Beim Feinkostladen Wrights of Howth im Duty-Free-Bereich des Airports kann man sich kurz vor dem Abflug bestens mit leicht verderblichen Lebensmitteln ›Made in Eire‹ eindecken: frischer iri-scher Wildlachs, Austern, Räucherfisch, irischer Farmhauskäse, Kekse, Süßigkei-ten, Dressings und Chutneys.

Bücher und CDs

Musikinstrumente und Noten – **Charles Byrne:** ▪ **Karte 2, F 5,** 21 Stephen St. Lower, Innenstadt, www.charlesbyrne.com, Luas: Green Line, St. Stephen's Green, Di–Fr 9–17.30, Sa 9.30–17 Uhr. Seit drei gleichnamigen Generationen im Dienste der irischen Musik: In dieser urigen Institution gibt es alles für Klassik und Folk.

Das Label für Irish Folk – **Claddagh Records:** ▪ **Karte 3,** 2 Cecilia St., Temple Bar, www.claddaghrecords.com, Luas: Red Line, Jervis, Mo–Fr 11.30–18, Sa 12–17.30 Uhr. Claddagh Records haben alles von den Chieftains bis zu derzeit angesagten Folkinterpreten.

Die ganze Welt der Comics – **Forbidden Planet:** ▪ **Karte 3,** 5–6 Crampton Quay, Temple Bar, www.forbiddenplanet.co.uk, Luas: Red Line, Jervis, Mo–Mi, Sa 10–18, Do, Fr 10–19, So 12–16 Uhr. Der Spezialist für Fantasy und Science Fiction führt Comics, Rollenspiel-Figürchen, Poster und Spielzeuge.

Großbuchhandlung – **Hodges Figgis:** ▪ **Karte 2, G 5,** 56–58 Dawson St., Innenstadt, Luas: Green Line, St. Stephen's Green, Mo–Mi 9–19, Do, Fr bis 20, Sa 9–18, So 12–18 Uhr. Hinter einer alten Fassade aus Glas und Holz erwartet einen auf mehreren Etagen ein breites Angebot; unten gibt's reduzierte Bücher.

Antiquarische Bücher – **Temple Bar Book Market:** ▪ **Karte 2, G 5,** Temple Bar Sq., Temple Bar, Luas: Red Line, Jervis, Sa, So 11–18 Uhr. Modernes Antiquariat, Second-Hand-Bücher, Raritäten und Sonderangebote – ein Mekka zum Stöbern für jeden Bücherwurm.

Delikatessen und Lebensmittel

Whiskey – **Celtic Whiskey Shop:** ▪ **Karte 2, G 5,** 27–28 Dawson St., www.celticwhiskeyshop.com, Innenstadt, Luas: Green Line, St. Stephen's Green, Mo–Mi, Fr, Sa 10.30–20, Do 10.30–21, So 12.30– 19 Uhr. Der pittoreske Laden bietet die gängigen irischen Sorten Jameson, Powers, Tullamore und Bushmills sowie seltenere Single Malts wie Tyrconnell, Kilbeggan und Dunadd an, dazu einige schottische Marken, Bourbon, anderes Hochprozentiges und Gourmetkörbe (›Hampers‹).

Feinkost – **Magill's:** ▪ **Karte 2, G 5,** 14 Clarendon St., Innenstadt, Luas: Green Line, St. Stephen's Green, Mo–Sa 9.30–17.45 Uhr. Der kleine Delikatessenladen hinter der alten dunklen Holz-

Körperverschönerung

Waldorf Barbers: ▪ **Karte 2, G 5,** Abbey Street 13 Westmoreland St., Innenstadt, Luas: Red Line, www.waldorfbarbers.com, Mo–Fr 9.30–16.30, Sa 8.30– 17.30 Uhr. Mutige Männer lassen sich bei dem Frisör mit original 1940er-Jahre-Einrichtung modische Kurzhaarfrisuren schneiden. Noch Mutigere gehen zum angesagten Tattoo-Studio **Dublin Ink** (▪ **Karte 2,** 4 Sauls Court, Cows Lane, Temple Bar, http://dublininktattoo.com, Luas: Red Line, Jervis, So–Fr 11–20, Sa 10–20 Uhr) und lassen sich farbenfrohe Tattoos pieksen.

Junge Mode bei Urban Outfitters

front ist voll gestopft mit Nudeln und Feinkost aus ganz Europa. Über der Theke hängen Schinken und Würste wie im Schlaraffenland.

Käse – **Sheridan's Cheesemongers:** ■ **Karte 2, G 5,** 11 South Anne St., Innenstadt, www.sheridanscheesemon gers.com, Luas: Green Line, St. Stephen's Green, Mo–Mi, Fr 10–18, Do 10.30–18.30, Sa 9.30–18, So 12–18 Uhr. In dem Laden mit den Kiefernholzregalen sieht es aus wie in einem hübsch renovierten Bauernhaus. In der Luft liegt der Duft irischer Farmhouse Cheeses und anderer Käsesorten aus aller Welt.

Geschenke, Souvenirs und Design

Geschmackvoll – **Avoca Handweavers:** ■ **G 5,** 11–13 Suffolk St., www.avoca.ie, Mo–Sa 9.30–19, So 11–18 Uhr. Auf mehreren Etagen findet man bestimmt das richtige Souvenir, ob Kochbücher und-utensilien, Kinderspielzeug, Dekoartikel oder kulinarische Mitbringsel (s. auch S. 44).

Esoterik – **The House of Astrology:** ■ **Karte 3,** 9 Parliament St., Temple Bar, Luas: Red Line, Jervis, Mo–Sa 10–18 Uhr. Was man für ein spirituelles Alltagsleben so braucht: Kristallkugeln, Räucherstäbchen, Tarotkarten, Pendel, Feng Shui-Utensilien und Hypnose-CDs.

Mode und Accessoires

Künstler und Kunsthandwerker – **Cow's Lane Designer Studio:** ■ **Karte 3,** 2 Pudding Row, Essex St. West, Temple Bar, Di–Sa 11–18, So 12–17 Uhr, Luas: Red Line, Jervis. Diese Fundgrube für handgemachte irische Kunst und Design bietet Kleidung, Accessoires, Schmuck, Kerzen, Keramik, Spielzeug, Küchenutensilien und jede Menge Kunst von Holzmöbeln bis zu Metallskulpturen. Darüber hinaus besteht die Möglichkeit, die einzelnen Künstler zu treffen und Aufträge nach eigenen Wünschen zu erteilen.

Designermarkt – **Designer Mart at Cow's Lane:** ■ **Karte 3,** Temple Bar, Luas: Red Line, Jervis, Sa 10–17 Uhr. Viele Stände in der Cow's Lane und dem Haus am Kopfende der Gasse bilden den Designermarkt. Schmuck, Hüte, Taschen und Kleidung (fast nur kleine Größen!) kosten nicht die Welt, es gibt Taschen schon für 20 € und Pullis für 60 €.

Outdoor-Ausrüstung – **Great Outdoors:** ■ **Karte 2, G 5,** Chatham St., off Grafton St., Innenstadt, Luas: Red Line: Jervis, Mo–Mi, Fr 10–18, Do 10–20, Sa 9.30–18, So 12.30–17.30 Uhr. Für den weiteren Irland-Urlaub fehlen noch Zelte, Trekking Boots, regenfeste Jacken? Kein Problem, die Auswahl ist an allen internationalen Marken ist groß.

Herrenausstatter – **Henry Jermyn:** ■ **Karte 2, G 5,** 16 Clare St., Innenstadt, www.henryjermyn.ie, DART: Pearse Station, Mo–Mi, Fr 9–19, Do bis 20, Sa 9–19, So 11–18 Uhr. Anzüge, Hemden, Krawatten, Regenschirme – was braucht ein Mann mehr? Die Atmosphäre mit Ölgemälden und Kaminen ist so erlesen, dass man vorbeischauen sollte.

Edeldesign – **Louise Kennedy:** ■ **Karte 2, G 5,** 56 Merrion Sq., Innenstadt, www.louisekennedy.com, Luas: Green Line, St. Stephen's Green, Mo–Do 9–18, Fr 9–17, Sa 10–17 Uhr. Die Adresse, ein georgianisches Stadtpalais, ist so luxuriös wie die Kostüme und Abendroben der irischen, international erfolgreichen Designerin. Louise Kennedy wohnt und arbeitet hier, sie verkauft

auch schöne Dinge wie Kerzenhalter und Glas.

Traum aller Frau'n – **Schuh:** ■ **Karte 2, G 4,** 47 O'Connell St., Innenstadt, www.schuh.co.uk, Luas: Red Line, Abbey St., Mo–Mi 9.30–19.30, Do 9.30–20.30, Fr 9.30–20, Sa 9–20, So 10.30–19 Uhr. Großbritanniens größte Schuhkette mit deutschem Namen hält eine große Auswahl von Slippern bis Stöckelschuhen bereit.

Trend für Sie und Ihn – **Urban Outfitters:** ■ **Karte 3,** 4 Cecilia St., Temple Bar, www.urbanoutfitters.co.uk, Luas: Red Line, Jervis, Mo–Mi, Sa 10–19, Do, Fr 10–20, So 12–18 Uhr. Die internationale Kette führt hochpreisige Labels für Damen und Herren.

Schmuck

Art déco – **Rhinestones:** ■ **Karte 2, G 5,** 18 St. Andrew's St., Innenstadt, Luas: Red Line, Jervis, Mo–Sa 9.30–18.30, Do bis 21, So 12–18 Uhr. Antiker Schmuck, der nicht eben billig ist.

Juweliere in der Reihe – **Johnson Court:** ■ **Karte 2, G 5,** Luas: Green Line, St. Stephen's Green. In der von der Grafton St. abzweigenden Gasse findet man alles, was glitzert und kostet, z. B. von Paul Sheeran (www.paulsheeran jewellers.ie).

Museumsshops

Die Dubliner Museumsläden bieten eine unschlagbare Auswahl zu den jeweiligen Ausstellungsschwerpunkten: **National Gallery** (s. S. 80) zu bildender Kunst, **Gallery of Photography** (s. S. 55) zu Fotokunst, **Irish Film Archive & Institute** (s. S. 55) zu Filmkunst, **National Museum** (auch Souvenirs und Spielzeug, s. S. 41) zu Kunstgeschichte, **Chester Beatty Library** (s. S. 59) zu fernöstlicher Kunst.

Ausgehen – abends und nachts

Dublin eilt der Ruf einer Party-Metropole voraus. **Temple Bar** (► Karte 3) mit seiner Konzentration von Bars, Pubs, Restaurants, Clubs und Discos ist das touristische Amüsierviertel. Vor allem an Wochenenden drängelt sich hier eine trinkfreudige Klientel aus aller Welt und es wird recht laut und gewöhnlich (s. auch S. 54).

Für Dublins In-Szene ist Temple Bar definitiv out. Die anspruchsvollen Party-Locations liegen heute im Süden um die **South Great George's Street** und **South William Street** (► F–G 5) einerseits sowie um **Wexford Street, Camden Street** (► F 6) und **Harcourt Street** (► G 6) andererseits. Ein weiteres Viertel mit eher verstreuten Venues liegt nördlich der Liffey um die **Abbey Street** (► F–G 4).

Im Pub

Geöffnet sind die Pubs meist Mo–Do 10.30–23.30, Fr, Sa 10.30–0.30, So 12.30–23 Uhr. Viele Pubs in der Innenstadt besitzen Nachtlizenzen und schenken bis 1.30 Uhr aus. Aber spätestens um 2.30 (Mo–Sa) und um 1.30 Uhr am So ist für alle Pubs und Clubs nach dem 2008 verschärften Ausschankgesetz Schluss. Karfreitag und am 25. Dezember ist immer geschlossen. Nach dem Ruf ›Last orders, please!‹ zu den oben angegebenen Zeiten hat der Gast dann noch eine halbe Stunde Zeit zum Austrinken. Obwohl es unzählige Pubs und Bars gibt, sind sie für gewöhnlich ab spätestens 20 Uhr so voll, dass man sich kaum bewegen kann.

Ein *pint,* eines der letzten Überbleibsel des englischen Maßsystems, sind 0,5694 l, ein *half-pint* wird meist als *glass* bestellt. Gern geordert werden ›a pint and a small one‹, ein Bier und ein Whiskey. Gezapft wird bis zum Überlaufen und ohne Schaum – außer der berühmten cremigen Guinness-Krone natürlich. Die Preise hängen an der Bar aus. Man zahlt gleich, wenn man sein Getränk in Empfang nimmt. Wer ausgetrunken hat, sollte relativ zügig nachbestellen – oder gehen.

Livemusik

Dublin ist nicht nur berühmt für den *craic,* den Spaß, den man in den Pubs haben kann, sondern auch für seine ›Singing Pubs‹, in denen allabendlich, etwa ab 21/21.30 Uhr, Livebands aufspielen. Das ist nicht immer der von Besuchern favorisierte Folk, sondern auch Rock, Country u. v. m. Meist hängt ein Schild im Pubfenster: ›Music tonight‹.

Clubs

Die Clubs halten sich mit teils rigorosen Kontrollen zu viele und unliebige, vor allem angetrunkene Besucher vom Hals. Generelle Regel: keine Turnschuhe und nicht diskutieren, wenn man ein »Not tonight, I'm afraid!« zu hören bekommt. Manche Türsteher, auch immer öfter vor Pubs, lassen keine Angetrunkenen rein, manche selektieren nach dem vermeintlich zum Club passenden Modestil, manche nach rassistischen Kriterien.

Hauptausgehtage sind Freitag und Samstag. Der Eintritt kostet Mo–Do etwa 8 €, Fr und Sa durchschnittlich 12 €. Die DJs spielen vor allem Konventionelles, kommerzielle Tanzmusik und Hits aus den Charts, House und Techno, weil die Mehrzahl der *punter* das so will. *Punter* bezeichnet umgangssprachlich nicht nur Herren, die auf Pferde oder Windhunde wetten, sondern auch ganz durchschnittliche Pubgäste.

Veranstaltungsprogramme

Die aktuellen Clubnächte und Musikveranstaltungen, Adressen *(venues)* von Restaurants und Pubs, Fernsehprogramm und Artikel zum Kulturleben stehen im Magazin »In Dublin«. Es erscheint wöchentlich und liegt kostenlos in Hotels, Bars etc. aus.

Die zweiwöchentliche Musikzeitschrift »Hot Press« ist der beste Wegweiser zur Dubliner Musikszene, wenn man tiefergehende Infos will.

Weitere kostenlose, zweiwöchentliche Zeitungen sind »Event Guide« (www.eventguide.ie) und »Events of the Week« (www.dublinevents.com). Mittwochs bringt die »Irish Times« einen Veranstaltungskalender.

Tickets

Karten für kleinere Veranstaltungen, z. B. in Pubs, kauft man einfach an der Abendkasse, für mittlere und Großevents entweder direkt beim Veranstalter oder bei Ticketmaster, www.ticketmaster.ie, Tel. innerhalb Irlands 0818 71 93 00, von außerhalb 00353 1 456 95 69. Auch beim Tourist Office (s. S. 19) bekommt man Karten für alle möglichen Veranstaltungen.

Bars und Szenelokale

Dekor im Stil der Belle Époque – **Café en Seine:** ■ **Karte 2, G 5,** 40 Dawson St., Innenstadt, Luas: Green Line, St. Stephen's Green, tgl. 11–2.30 Uhr. Goldmosaikdecke, Säulen, Schnitzprunk, ägyptische Karyatiden, Buntglas, Palmen – in dieser großräumigen In-Bar bleibt kein Fleckchen leer. Tagsüber trifft man ein gemischtes Publikum an, das Salate, Tartes und Thai-Hühnchen bestellt, abends die Reichen und Schönen im kleinen Schwarzen.

Coole Late-Night-Bar – **Dakota:** ■ **G 5,** 8/9 South William St., http://dakotabar.ie, Mo–Mi, So 12–23.30, Do 12–1.30, Fr, Sa 12–2.30, Luas: Red Line, St. Stephen's Green. Die großen Räumlichkeiten mit Holzfußboden, halbmondförmigen Lederfauteuils, Backsteinwänden und schicker Beleuchtung dienen tagsüber als recht ruhiges Café und Lunch-Restaurant, während sich hier abends die Dubliner zu einem coolen Drink treffen. Am Wochenende ist es endgültig vorbei mit der Ruhe, dann wird Party zu gängigen Tanzrhythmen gefeiert.

Drama, Baby, Drama – **Front Lounge:** ■ **Karte 3,** 33 Parliament St., Temple Bar, Luas: Red Line, Jervis, Mo, Mi, Do 12–23.30, Di 12–1, Fr 12–2, Sa 15–2, So 15–23.30 Uhr. Sehen und gesehen werden heißt für viele der Gäste die Devise in diesem dämmrigen langen Schlauch hinter der umwerfenden schwarzen Marmorfassade. Man sitzt auf roten Polstern an schwarzen Marmortischen; in dem weiter nach hinten gelegenen Raum, der sogenannten Back Bar, trifft sich ein vorwiegend schwules Publikum. Das montägliche Karaoke ist ein Highlight des Dubliner Ausgehkalenders.

Belle Époque auf Irisch – im Café en Seine

Beliebte Late-night-Bar – *Hogan's Bar:* ■ **F 5,** 35 South Great George's St., Mo–Mi 12–23.30, Do 12–1, Fr, Sa 12–2.30, So 12–23 Uhr, Luas: Red Line, St. Stephen's Green. Hinter der traditionellen Fassade gibt es einen Stehbereich an der Bar, eine weitere Bar mit Sitzgelegenheit und eine Kellerbar, in der am Wochenende DJs auflegen. Hogan's Bar ist einer der beliebtesten Treffpunkte, um einfach einen zu trinken, und liegt direkt unter Kelly's Hotel. Studenten, junge Geschäftsleute und Angestellte bilden die Hauptklientel.

In-Bar in ehemaligem Schlachthof – **Market Bar:** ■ **Karte 2, F 5,** Fade St., Innenstadt, www.marketbar.ie, Luas: Green Line, St. Stephen's Green, Mo–Do 12–23.30, Fr, Sa bis 1.30, So 12–23 Uhr. Die Weite des Raums unter gusseisernen Dächern beeindruckt ebenso wie die mit Hunderten von Holzschuh-Rohlingen bestückte Wand, die Sesselempore über der Spiegelbar und die an Gartenmöbel gemahnende Bestuhlung in Kolonialmahagoni. Gerichte wie Guinness-Eintopf und Tapas stärken das Publikum. Dass keine Musik gespielt wird, heißt nicht, dass es leise ist. Draußen vor der Tür, aber mit Dach über dem Kopf, haben die Raucher eine große Enklave für sich.

Neo-marokkanisch – **SamSara:** ■ **Karte 2, G 5,** The Dawson Hotel, 35/36 Dawson St., Innenstadt, www.thedawson.ie, Luas: Green Line, St. Stephen's Green, Mo–Do 12–0.30, Fr, Sa bis 2.30, So bis 1.30 Uhr. Der lange, schmale, auf nordafrikanisch gestylte Schickeria-Treff ist Design pur – ebenso wie das dazugehörige Hotel.

Diskotheken und Clubs

DJ-Bar – **Dice Bar:** ■ **E 4,** Queen St. Ecke Benburb St., Smithfield, Tel. 01 872 86 22, www.thatsitdublin.com, Luas: Red Line, Smithfield, Mo–Do 17–24, Fr, Sa bis 1, So 15–23.30 Uhr, Eintritt außer bei Konzerten frei. Cool, entspannt, atmosphärisch mit dunklen Wänden und Kirchenkerzen. Zu später Stunde tanzt alles spontan zu den eklektizistischen Tanzrhythmen. Die Klientel ist im Allgemeinen etwas älter und gesetzter.

Für die Schönen und Stylischen – **Lillie's Bordello:** ■ **G 5,** 2 Adams Court, off Grafton St., www.lilliesbordello.ie, tgl. 17–5 Uhr, Eintritt 15 €, Luas: Green Line, St. Stephen's Green. Das barock und vor allem rot eingerichtete Etablissement wird seinem Namen zumindest dem ersten Anschein nach gerecht. In verschiedenen opulenten Salons und Bars kann die ausgesuchte Klientel speisen, Drinks zu sich nehmen, tanzen und Liveacts zuhören. Hartnäckige Gerüchte besagen, dass hier VIPs ein- und ausgehen, doch halten diese sich wohl eher in den reservierten Bereichen auf. Ansonsten geht man hier nicht hin, wenn man keinen Auftritt hinlegen und keine brandneuen Designerklamotten vorführen möchte.

Disco-Dauerbrenner – **Rí Rá:** ■ **Karte 2, F 5,** Dame Court, Innenstadt, www.rira.ie, Luas: Green Line, St. Stephen's Green, Mo–Sa 23–2.30 Uhr. Seit über einem Jahrzehnt wird in diesem coolen, ein bisschen wilden Club ohne Starallüren getanzt. Einlass und Kleiderordnung werden entspannt gehandhabt. Die Musik ist hauptsächlich breit gestreut: neben Tanzmusik und Funk auch Reggae, Indie und 80s. Eine Club-Institution ist die montägliche Partyreihe ›Strictly Handbag‹ (1980er). *Rírá* ist übrigens irisch für ›Aufruhr‹.

Jazzig bis funkig – **Solas:** ■ **F 6,** 31 Wexford St., südl. Innenstadt, www.solasbars.com, Luas: Green Line, Harcourt, Mo–Do 12–1, Fr 12–3, Sa 16–3, So 16–1 Uhr. DJ-Bars sind auch deshalb so beliebt, weil man sich den Eintritt für Discos spart. Hier legen die DJs etwas früher als in anderen Bars auf. 2010 erhielt Solas den Preis als ›beste Cocktailbar Irlands‹. Für Raucher ist der Dachgarten einer der coolsten Orte Dublins, um ihrer Sucht zu frönen.

Multifunktionsclub – **Tripod:** ■ **G 6,** Harcourt St., südl. Innenstadt, www.pod.ie, Luas: Green Line, Harcourt, tgl. 19.30–2.30 Uhr, Eintritt 10–25 €. Der mittelgroße Club und Veranstaltungsort für Livekonzerte liegt im POD-Disco-

Kinos

Das **Irish Film Archive & Institut** (■ **Karte 3**, 6 Eustace St., Temple Bar, s. S. 55), ist der Treffpunkt für Cineasten, vor allem während des Jameson Dublin International Film Festival (s. S.17). Das zeitgenössisch designte **Light House** (■ **F 4,** Market Sq., off Smithfield Sq., www.lighthousecinema.ie, Luas: Red Line) in Smithfield zeigt Autorenfilme und fremdsprachige Filme abseits des Mainstream.
Die übrigen Kinos sind die üblichen Multiplex-Häuser wie **Savoy** (■ **Karte 2,** G 4, O'Connell St., www.imccinemas.ie) oder **Cineworld** (■ **Karte 2,** F 4, Parnell St., www.cineworld.ie, Luas: Red Line, Jervis).

zentrum in der ehemaligen Harcourt Street Railway Station. 1300 Zuschauer finden Platz in dem von Keith Hobbs gestalteten Interieur. In den heißen Clubnächten werden hauptsächlich Techno, House und kommerzielle Hits gespielt.

Konzerte und Oper

Heimat des National Symphony Orchestra – **National Concert Hall:** ■ **G 6,** Earlsford Terrace, südl. Innenstadt, Tickets: Tel. 01 417 00 00, www.nch.ie, Luas: Green Line, Harcourt. Der Hauptveranstaltungsort für klassische Musik ist die ehemalige Aula des University College Dublin und hat deshalb den Charme eines Vorlesungssaals, aber eine hervorragende Akustik.

Für Mega-Veranstaltungen – **The O2:** ■ **J 4,** East Link Bridge/North Wall Quay, Docklands, Tickets: Ticketmaster 01 819 88 88, www.theo2.ie, Luas: Red Line, The Point. Nachwuchsbands bekommen die supermoderne 14 000-Plätze-Arena nicht voll. Vielmehr die Großen der Pop- und Showszene, sowohl junge Wilde wie Lady Gaga und Rihanna als auch alte Hasen wie Rod Stewart und Rammstein.

Mittelgroße Veranstaltungen – **Vicar Street:** ■ **F 5,** 99 Vicar St., off Thomas St., südl. Innenstadt, Tel. 01 775 58 00, www.vicarstreet.ie, Luas: Red Line, Smithfield. Mehrfach preisgekrönt ist dieser Veranstaltungsort. Bob Dylan und Al Green sind zwar nicht jeden Abend da, haben aber schon hier gespielt wie auch alles, was in der Dubliner Musikszene Rang und Namen hat. Obwohl bis zu 1000 Zuhörer Platz finden, ist die Atmosphäre die eines intimen Clubs. In mehreren Bars in Neben-

räumen kann man entspannt plaudern. Neben Pop-Konzerten ist Comedy das zweite Standbein.

Hier begann manch einer seine Karriere – **Whelan's:** ■ **F 6,** 25 Wexford St., südl. Innenstadt, Tickets: Tel. 1890 20 00 78, www.whelanslive.com, Luas: Green Line, St. Stephen's Green, Mo–Mi 10.30–1.30, Do–Sa 10.30–2.30, So 14–1.30 Uhr. Von Kopf bis Fuß auf altes Holz eingestellt ist dieser authentische Pub. Nach hinten raus spielt die Musik in einem Veranstaltungssaal. Es sind nicht gerade Garagenbands, die hier auftreten, aber doch Indie-Musiker mit mehr Zukunft als Vergangenheit. Unverrückbar lehnt die lebensgroße Statue des Stone Man an der Bar, doch Whelan's verschließt sich keineswegs dem Fluss der Zeit, sondern hat renoviert und ausgebaut.

Pubs

S. auch S. 38 »Ein Pint geht noch – Pubtour durch die City«, zu den viktorianischen Pubs mit Flair: International Bar, McDaid's, Mulligan's, Neary's, Palace Bar.

Treffpunkt des ›Literary Pub Crawl‹ – **The Duke:** ■ **Karte 2, G 5,** 8/9 Duke St., Innenstadt, Luas: Green Line, St. Stephen's Green, Mo–Do 11–23.30, Fr, Sa 11.30–0.30, So 12–23 Uhr. Eine Ausschanklizenz hat ›Der Herzog‹ seit 1845, doch ist er neu renoviert und relativ kahl ausgestattet. Dafür stimmt die Atmosphäre, die unprätentiös und leicht bohèmehaft ist. Brendan Behan und Patrick Kavanagh gingen hier einst ein und aus.

Nicht nur für Bestatter – **Kavanagh's:** ■ **F 2,** 1 Prospect Sq., Glasnevin, Bus: 13 von O'Connell St. bis Haltestelle Prospect Square, Mo–Do 10.30–23.30, Fr, Sa bis 24, So 12.30–23 Uhr. Seit dem 19. Jh. kaum verändert – es gibt nicht mal ein Telefon –, ist dieser ursprüngliche Pub auch unter dem Namen Gravedigger's bekannt: Durch eine Maueröffnung bekamen die Leichengräber vom Glasnevin-Friedhof nebenan ihr Bier auf die Schippe gestellt. Selbst Brad Pitt trank schon in dieser ungeleckten Dubliner Institution.

Unverändert viktorianisch – **Kehoe's:** ■ **Karte 2, G 5,** 9 South Anne St., Innenstadt, Luas: Green Line, St. Stephen's Green, Mo–Do 10.30–23.30, Fr, Sa bis 0.30, So 12.30–23 Uhr. Wenig scheint sich hier im letzten Jahrhundert verändert zu haben. Ein *snug*, Uralt-Elektrik, Holzfußboden und im ersten Stock eine Lounge – das ehemalige Wohnzimmer des Wirts – schaffen ein einzigartig gemütliches Ambiente.

Originaler Pub mit Originalen – **The Long Hall:** ■ **Karte 2, F 5,** 51 South Great George's St., Innenstadt, Luas: Green Line, St. Stephen's Green, Mo–Mi 16–23.30, Do 13–23.30, Fr, Sa 13–0.30, So 13–23 Uhr. Authentisch bis in die Kerzenleuchter, die mit Spiegeln geschmückte Bar und das Mahagoni-Interieur – ein viktorianischer Pub, der auf eine treue Klientel zählen kann.

Pubs mit Livemusik

Angeblich Dublins ältester Pub – **Brazen Head:** ■ **Karte 2, F 5,** 20 Lower Bridge St., Innenstadt, www.brazenhead.com, Luas: Red Line, The Four Courts, Mo–Sa 10.30–0.30, So ab 12.30 Uhr. Der Vorgänger eines der berühmtesten Pubs der Hauptstadt soll schon im 12. Jh. Alkoholisches an Wikinger ausgeschenkt haben, jedenfalls

Wer Livemusik schätzt, sollte nach dem Schild ›Music tonight‹ im Pub-Fenster Ausschau halten

Dublin Tourism hat einen **Rundgang** auf den Spuren berühmter Musiker angelegt und gibt eine kostenpflichtige Broschüre heraus. Pop-Interessierte lernen dabei die Orte kennen, wo die Dubliners, The Corrs, Christy Moore, U2, Boyzone und viele mehr auftraten.

scheint der Eingangsbereich tief in den Liffey-Boden eingesunken zu sein. Das gemütliche, schummrig-vergilbte Flair, die offenen Kamine und die Folkmusik locken viele junge Touristen an.

Hier fingen »The Dubliners« an – **O'Donoghue's:** ■ **Karte 2, G 5,** 15 Merrion Row, Innenstadt, www.odonoghues.ie, Luas: Green Line, St. Stephen's Green, Mo–Do 10.30–23.30, Fr, Sa bis 0.30, So 12.30–23 Uhr. Die Dubliners – wie auch die Furey Brothers und Christy Moore und Phil Lynott und und und – begründeten den Ruhm dieses seit 1789 existierenden Pubs. 1934 übernahm die Familie O'Donoghue. Verwinkelt, schummrig, die Wände mit Fotos von Irlands großen Musikern tapeziert, der Holzfußboden gewellt von Millionen Trinkerschuhen, hat das Mekka des Irish Folk seinen weltweiten Ruhm fast unbeeindruckt weggesteckt. Allabendlich wird hier noch immer vorzügliche traditionelle Livemusik gespielt, das Guinness nicht zu kalt gezapft.

Irischer, als der Papst erlaubt – **O'Shea's Merchant:** ■ **Karte 2, F 5,** 12 Bridge St. Lower, Innenstadt, www.themerchanttemplebar.com, Luas: Red Line, The Four Courts, Mo–Mi 10.30–23.30, Do–Sa bis 2, So 12.30–2 Uhr. Dieser Pub ist, Ironie des Schicksals, ein Irish Pub in Irland. Täglich ab 21.30 Uhr finden Folkloreabende mit traditioneller irischer Musik und Tanz statt. Da die

Dubliner selbst nicht so gern auf eine Vergangenheit in reetgedeckten Bauernkaten zurückschauen, lassen sich hier vor allem Touristen ihr Bild vom kuschelig-schäbigen, alten Irland bestätigen.

Pub und Jazz-Bar – **JJ Smyths:** ■ **Karte 2, F 5,** 12 Aungier St., Innenstadt, www.jjsmyths.com, Luas: Green Line, St. Stephen's Green, Mo–Do 10.30–23.30, Fr, Sa bis 0.30, So 12.30–23 Uhr. Unten zapfen freundliche Barmänner in einem unprätentiösen, altmodischen Dubliner Pub das Guinness, oben spielt die Dubliner Jazzszene. Jeden Abend werden Konzerte und Sessions abgehalten.

Unter dem Hirschkopf – **The Stag's Head,** ■ **Karte 2, F/G 5,** s. S. 97. Viktorianische Einrichtung vom Feinsten.

Schwul und lesbisch

Die schwul-lesbische Szene ist stark in die allgemeine Partyszene integriert. Eigene Lesben-Bars gibt es nicht, sodass sich die Dragqueens und -kings meist bunt mischen. Sonntags finden die meisten schwul-lesbischen Clubnächte statt.

Der Klassiker – **The George:** ■ **Karte 2, F 5,** 89 South Great George's St., Innenstadt, Luas: Green Line, St. Stephen's Green, Mo 14–23.30, Di–Fr 14–2.30, Sa 12.30–2.30, So 12.30–1.30 Uhr. Seit Jahren ist dies das Zentrum des schwulen Lebens in Dublin. In einer zentralen, kleineren Bar für ältere Semester mit dem Spitznamen Jurassic Park und einem Club geht es hoch her: Shows, Clubnächte, DJs, Tanz. Hier treffen sich auch Lesben.

Extravagant – **Dragon:** ■ **Karte 2, F 5,** 64 South Great George's St., In-

nenstadt, Luas: Green Line, St. Stephen's Green, Mo, Do–Sa 20–3 Uhr.
Theatralischer Dekor, Themenabende,
ein heißer Dancefloor und ein Raucher-
hof zeichnen eine der beliebtesten
Schwulenbars Dublins aus.

Irlands bekannteste Dragqueen –
PantiBar: ■ **Karte 2, F 4,** 7–8 Capel
St., Innenstadt, www.pantibar.com, Luas: Red Line, Jervis, Mo–Do 17–23.30,
Fr, Sa bis 0.30, So 16–23.30 Uhr. Die
postmodern-schicke Bar nennt sich
›Activity Centre for Homos‹, das bedeutet, es werden Themen-, Film-, Drag-
und DJ-Abende u. v. m. für Schwule
und Lesben veranstaltet. Und es wird zu
Partymusik getanzt. Der Drag-Queen-
Wettbewerb zur Alternative Miss Ireland nahm hier seinen Anfang und findet heute im Olympia statt (www.alter
nativemissireland.com).

Theater

Der Klassiker – **The Abbey:** ■ **Karte
2, G 4,** 26 Lower Abbey St., Innenstadt,
Tickets: Tel. 01 878 72 22, www.abbey
theatre.ie, Luas: Red Line, Abbey St. William. Butler Yeats und Lady Gregory
gründeten das Irische Nationaltheater
1904, und in der Frühzeit gab es manchen Theaterskandal. Heute spielt das
Abbey hauptsächlich irische Klassiker
sowie die neuen Stücke arrivierter, zeitgenössischer Dramatiker. Es ist ein wenig in die Jahre gekommen, sodass ›Ab-
bey-Bashing‹ (auf dem Abbey rumha-
cken) schon fast Tradition geworden ist.
Ein diskutierter Umzug ist nunmehr ad
acta gelegt, man will vor Ort expandie-
ren. Der kleinere Bruder **The Peacock**
im selben Haus ist experimenteller.

Das irischste aller Dubliner Theater –
Gaiety Theatre: ■ **Karte 2, G 5,**
King St. South, Innenstadt, Tel. 0818 71
93 88, www.gaietytheatre.com, Luas:
Green Line, St. Stephen's Green. Das
wunderbar altmodische Musiktheater
mit gerundeten Logen und tiefroten
Polstersesseln wurde 1871 eröffnet.
Neben Opern, Revuen, Konzerten und
Musicals sind die *Pantos* (von Pantomi-
me) ein Dauerrenner aus Slapstick,
Stand-up Comedy und Witzen – auch
unter der Gürtellinie.

Stand-up Comedy – **Ha'penny
Bridge Inn:** ■ **Karte 2, G 5,** 42 Wellington Quay, Temple Bar, Tel. 086 815 69
87, www.battleoftheaxe.com, Luas: Red
Line, Jervis, Mo–Do 10.30–23.30, Fr, Sa
bis 0.30, So 12.30–23 Uhr. Dienstag-
und Donnerstagabend um 21.30 Uhr
wird in diesem Pub bei ›Battle of the Axe‹
abgelacht. Dabei amüsiert sich die kriti-
sche Zuhörerschaft immer öfter über die
unfreiwillige Komik der Laiendarsteller.

Plüsch-Varieté – **Olympia Theatre:**
■ **Karte 2, F 5,** 72 Dame St., Temple
Bar, Tickets: Ticketmaster Tel. 0818 71
93 30, www.olympia.ie, Luas: Red Line,
Jervis. Das Olympia besitzt eine opulen-
te Einrichtung vom Ende des 19. Jh. Einen besonderen Charme haben die umlaufenden, ovalen Galerien auf drei
Ebenen. Ein Veranstaltungsort für Big
Names der Comedy (Jimmy Carr) und
des Pop (Bryan Adams, Paul Potts.)

Experimental – **Project Arts Centre:**
■ **Karte 3,** 39 East Essex St., Temple
Bar, Tickets: Tel. 01 881 96 13, http://.
projectartscentre.ie, Luas: Red Line, Jervis. Seit Jahrzehnten ist das Project Arts
Centre die Dubliner Bühne für Experi-
mentelles, für politisch engagierte, junge Stücke. In drei Sälen kommen zur
Aufführung: Tanz, Performance, Film,
Musik, weihnachtliche Kinderveranstal-
tungen und vieles mehr.

Sprachführer Englisch

Das Dubliner Englisch

Deutschsprachige Besucher haben oft weniger Probleme, das irische Englisch, *Brogue* genannt, zu verstehen, weil die Aussprache dem Deutschen ähnlich klingt. Das Dubliner Englisch ist noch einmal etwas Besonderes: schnell und lässig gesprochen, bald in die Länge gezogen, bald verschluckt. Besonders gern wird das ›t‹ am Wortende weggelassen, das ›th‹ wird zu einfachem ›t‹. Das klingt dann so: ›trowing‹ statt ›throwing‹, ›origh‹ statt ›all right‹. Außerdem werden gern Füllvokale benutzt. So wird der ›film‹ zum ›fillem‹. Füllwörter wie ›yerra‹, ›begob‹ und ›begor‹ oder zur Affirmation ›sure‹ entsprechen im Neudeutschen der Floskel ›will ich mal sagen‹. Dazu spicken ›böse‹ Füllwörter den Redefluss eines wahren Dubliners: ›jaysus‹ (Jesusmaria!) oder ›fucking‹ – was auch gern mitten in ein Wort eingearbeitet wird (›abso-fucking-lutely‹). Gesteigert wird mit ›right‹ und ›bad‹. So ist ein ›fucker‹ vielleicht noch akzeptabel, ein ›right fucker‹ schon schlimmer und ein ›bad fucker‹ jemand, dem man aus dem Weg gehen sollte.

Wichtige irische Wörter

An Lár (an lahr)	Stadtzentrum
céili (keeli)	Volkstanzveranstaltung
craic (cräck)	Spaß, gute Zeit
fáilte (foltchje)	Willkommen
fir (för)	Herren (an Toiletten)
garda (garda)	Polizei
lethreas (leros)	Toiletten
mná (mro)	Damen (an Toiletten)
oifig an phoist (ofig an fischt)	Post
seisiún (seschuun)	Session
sláinte (slontchje)	Prost!
slán (slan)	Tschüss!

Allgemeines

guten Morgen	good morning
guten Tag	good afternoon
guten Abend	good evening
auf Wiedersehen	good bye
Entschuldigung	excuse me/sorry

hallo/grüß dich	hello
bitte	please
gern geschehen	you're welcome
danke	thank you
ja/nein	yes/no
Wie bitte?	Pardon?
Wann?	When?
Wie?	How?

Unterwegs

Haltestelle	stop
Auto	car
Ausfahrt/-gang	exit
Benzin	petrol
rechts	right
links	left
geradeaus	straight ahead/ straight on
Auskunft	information
Telefon	telephone
Postamt	post office
Bahnhof	railway station
Flughafen	airport
alle Richtungen	all directions
Einbahnstraße	one-way street
Eingang	entrance
geöffnet	open
geschlossen	closed

Zeit

Stunde	hour
Tag/Woche	day/week
heute	today
gestern	yesterday
morgen	tomorrow
morgens	in the morning
mittags	at noon
abends	in the evening
früh	early
spät	late
Montag	Monday
Dienstag	Tuesday
Mittwoch	Wednesday
Donnerstag	Thursday
Freitag	Friday
Samstag	Saturday
Sonntag	Sunday
Feiertag	public holiday

Notfall

Polizei	police
Arzt	doctor
Zahnarzt	dentist
Krankenhaus	hospital
Unfall	accident
Schmerzen	pain
Panne	breakdown
Rettungswagen	ambulance
Notfall	emergency
Ich suche eine Apotheke.	I'm looking for a pharmacy.
Können Sie mir/uns bitte helfen?	Could you please help me/us?
Ich brauche einen Arzt.	I need a doctor.

Zahlen

1 one	16 sixteen
2 two	17 seventeen
3 three	18 eighteen
4 four	19 nineteen
5 five	20 twenty
6 six	21 twenty-one
7 seven	30 thirty
8 eight	40 fourty
9 nine	50 fifty
10 ten	60 sixty
11 eleven	70 seventy
12 twelve	80 eighty
13 thirteen	90 ninety
14 fourteen	100 one hundred
15 fifteen	

Die wichtigsten Sätze

Sprechen Sie Deutsch? Do you speak German?
Tut mir leid, ich verstehe nicht. Sorry, I don't understand.
Ich spreche kein Englisch. I don't speak English.
Wie heißen Sie?/Ich heiße ... What's your name?/My name is …
Wie geht's? How are you?
Danke, gut. Thanks, fine.
Wie viel Uhr ist es? What's the time?
Würden Sie ein Foto von uns machen? Would you please take a picture of us?
Ist der Stuhl frei? Is this seat taken?
Woher kommen Sie? Where are you from?
Wie lange bleiben Sie? How long will you be staying?
Darf ich Sie zu einem Drink einladen? Can I buy you a drink?
Nein, danke, ich bin versorgt. No, thank you, I'm fine.
Ich habe schon etwas vor. I already have plans.
Bis bald (später). See you soon (later).
Wie komme ich zu/nach ...? How do I get to …?
Fährt der Bus/Zug nach ...? Does this bus/train go to …?
Wo ist bitte ... Sorry, where is …?
Könnten Sie mir bitte ... zeigen? Could you please show me …?
Können Sie ein nettes Restaurant/Pub empfehlen? Could you recommend a nice restaurant/pub?
Kann ich mit Kreditkarte zahlen? Do you take credit cards?
Haben Sie ein freies Zimmer? Do you have any vacancies?
Tut mir leid, kein Zimmer mehr frei. Sorry, we have no vacancies.
Wie viel kostet das Zimmer pro Nacht? How much is a room per night?
Ich habe ein Zimmer reserviert. I have booked a room.
Was darf's sein? (im Laden) Can I help you?
Danke, ich schaue mich nur um. I'm just browsing, thanks.
Wie viel kostet das bitte? How much is it, please?
Ich brauche ... I need …
Wann öffnet/schließt ...? When does … open/close?

Kulinarisches Lexikon

Frühstück

bacon	Schinken
boiled egg	hart gekochtes Ei
scrambled/fried eggs	Rührei/Spiegeleier
cereals	Müsli
jam	Marmelade
marmalade	Orangenmarmelade
baked beans	weiße Bohnen in Tomatensoße
black pudding	Blutwurst mit Hafergrütze, in Scheiben gebraten
juice	Obstsaft
kipper	(heißer) Hering, Räucherfisch
mushrooms	Pilze
porridge	Haferbrei
prunes	eingelegte Back-, Trockenpflaumen
rashers	dünner Bratspeck
rolls	Brötchen
sausages	Schweinswürstchen
white Pudding	gebratene helle Wurst

Fisch und Meeresfrüchte

battered fish	panierter Fisch
black sole	Seezunge
cod	Kabeljau
crab claws	Krabbenscheren
Dublin Bay prawns	Garnelen aus der Dubliner Bucht
dulse	getrocknete, sehr salzige Algen
fish and chips	Bratfisch in Panade mit Fritten
haddock	Schellfisch
John Dory	Heringskönig
lobster	Hummer
monkfish	Mönchsfisch
mussel	Miesmuschel
oysters	Austern
plaice	Scholle
prawns	Garnelen
salmon	Lachs
scallops	Jakobsmuscheln
seafood chowder	Eintopf (mit Fisch und Meeresfrüchten)
shrimps	kleine Krabben

smoked salmon	Räucherlachs
turbot	Steinbutt
trout	Forelle
tuna	Thunfisch

Gerichte (Fleisch und Gemüse)

bangers and mash	Würstchen mit Kartoffelpüree
beetroot	Rote Beete
broth	Eintopf mit Gemüse und/oder Graupen, Fisch oder Fleisch
cabbage	Weißkohl
cauliflower	Blumenkohl
chicken	Hühnchen
chips	Fritten, Pommes
colcannon	Kartoffeln und Kohl in Milch und Butter
courgette	Zucchini
cucumber	Gurke
Dublin Coddle	Eintopfgericht mit Speck, Schweinswürsten, Kartoffeln und Zwiebeln
gammon	gepökelter Schweineschinken
goat's cheese	Ziegenkäse
ham and turkey	Schinken- und Truthahnfleischscheiben
Irish Stew	Hammeleintopf mit Kartoffeln und Zwiebeln
leg of lamb	Lammkeule
lemon	Zitrone
lime	Limette
minced beef	Hackfleisch vom Rind
minced potatoes/mash	Kartoffelbrei
mint sauce	Minzsoße
Mornay sauce	Käsesoße
mustard	Senf
onion	Zwiebel
parsnip	Pastinaken
pepper	Paprikaschote
pork chops	Schweinekoteletts
potatoe	Kartoffel
rabbit	Kaninchen
roast	Braten, meist Rinderbraten

steak and kidney pie	warme Pastete mit Rind und Nierchen
turnips	weiße Rüben
veal	Kalbfleisch
venison	Wild

Nachspeisen und Gebäck

apple tart	gedeckter Apfelkuchen mit Kochäpfeln
carrot cake	Karottenkuchen
custard	Vanillesoße
pastries	Gebäck
pudding	eine Art Auflauf, süß oder herzhaft; ugs. für Nachtisch
rhubarb tart	gedeckter Rhabarberkuchen
scones	kleine, süße Brötchen
whipped cream	Schlagsahne

Getränke

ale	rötliches, bitteres, leichteres Bier
beer (on tap/draught)	Bier (vom Fass)
coffee	Kaffee
(decaffeinated/decaf)	(entkoffeiniert)
lemonade	Limonade
icecube	Eiswürfel
Irish coffee	Kaffee mit Whiskey und Sahne
hot whiskey	Whiskey mit heißem Wasser, Nelken und Zitrone
lager	ähnlich dem deutschen Exportbier (Harp)
liquor	Spirituosen
milk	Milch
mineral water	Mineralwasser
pint	übliche Glasgröße für Bier, ca. 0,57 l
red lemonade	rote Limonade
red/white wine	Rot-/Weißwein
shandy	Alsterwasser/Radler
soda water	Selterswasser
sparkling wine	Sekt
stout	Starkbier, dunkel (Guinness, Murphy's)
uisce beatha (›ischke bähe‹)	Whiskey

Im Restaurant

Ich möchte einen Tisch reservieren. I would like to book a table.
Bitte warten Sie, bis Ihnen ein Tisch zugewiesen wird. Please wait to be seated.
Die Speisekarte/Weinkarte, bitte. The menu/wine list, please.
Die Rechnung, bitte. The bill, please.
Frühstück breakfast
Mittagessen lunch
Abendessen dinner
Vorspeise appetizer/starter
Suppe soup
Hauptgericht main course
Nachspeise dessert
Beilagen side dishes
Tagesgericht meal of the day
Messer knife
Gabel fork
Löffel spoon
Glas glass (ein Glas Bier, auch half-pint)
Flasche bottle
Salz/Pfeffer/Essig salt/pepper/vinegar
Zucker/Süßstoff sugar/sweetener
Kellner/Kellnerin waiter/waitress
Trinkgeld tip
Wo sind die Toiletten? Where are the toilets, please?

Register

Register

Unterwegs mit Susanne Tschirner

Susanne Tschirner lebt als Reiseautorin und -journalistin sowie Verfasserin historischer Kriminalromane bei Bonn. Sie studierte Germanistik, Geschichte und Kunstgeschichte und arbeitete als Lektorin in einem Verlag. Dublin war anno 1989 die erste Destination, über die sie einen Reiseführer verfasste. Seither ist viel Wasser die Liffey hinuntergeflossen. Jahr für Jahr mitzuerleben, wie sich die eher behäbige, an der Peripherie des deutschen Reiseverhaltens angesiedelte Stadt zu einer wahrhaft europäischen Party-, Shopping-, Gourmet- und Designmetropole entwickelte, gehörte und gehört zu den spannendsten Themen ihrer Arbeit.

Abbildungsnachweis

DuMont Bildarchiv, Ostfildern: S. 39, 41, 46, 51, 65, 67, 75, 86/87, Umschlagrückseite (Meinhardt); 35, 74, 82 (Modrow)
Bildagentur Huber, Garmisch-Partenkirchen: S. 15 (Puku); 26/27 (Rellini)
iStockphoto, Calgary: S. 32 (Digital Dublin); 76/77 (Freder); 70 (honster); 4/5, 31 (Sargent); 58 (Westbury)
laif, Köln: S. 106 (Archivolatino/Moscia), 88 (Bosse); 8 (Conti); 79 (Cuttica); 28 (hemis.fr/Frilet); 92, 100 (hemis.fr/ Maisant); 44, 109 (hemis.fr/Mattes); 48 (hemis.fr/Rieger); 104 (Hollandse Hoogte); 57 (Krinitz); 91, 99 (Multhaupt); 60 (Raach); 72 (Rosenthal); 62 (Standl); 52, 84, 94 (Steinhilber)
Mauritius, Mittenwald: S. 11, 54 (imagebroker/Dieterich); 7 (imagebroker/Mayall); 102 (imagebroker/White Star/ Gumm); Umschlagklappe vorn (World Pictures)
Transit, Leipzig: Titelbild (Hirth)
Susanne Tschirner: Niederkassel-Reidt: S. 120

Kartografie

DuMont Reisekartografie, Fürstenfeldbruck
© DuMont Reiseverlag, Ostfildern

Umschlagfotos

Titelbild: Pub im Szeneviertel Temple Bar
Umschlagklappe vorn: Statue der Molly Malone (»The tart with the cart«)

Hinweis: Autorin und Verlag haben alle Informationen mit größtmöglicher Sorgfalt geprüft. Gleichwohl sind Fehler nicht vollständig auszuschließen. Alle Angaben erfolgen ohne Gewähr. Bitte, schreiben Sie uns! Über Ihre Rückmeldung zum Buch und Verbesserungsvorschläge freuen sich Autorin und Verlag:
DuMont Reiseverlag, Postfach 3151, 73751 Ostfildern, info@dumontreise.de, www.dumontreise.de

3., aktualisierte Auflage 2015
© DuMont Reiseverlag, Ostfildern, alle Rechte vorbehalten
Redaktion/Lektorat: Doreen Reeck, Anne Winterling
Grafisches Konzept: Groschwitz/Blachnierek, Hamburg
Printed in China

FSC
www.fsc.org
100%
From well-managed forests
FSC® C021256